徳　間　文　庫

真・プロレスラーは観客に何を見せているのか

30年やってわかったこと

TAJIRI

徳　間　書　店

はじめに――4年の歳月がプロレスと社会を変えた

本書はそもそも、2019年12月に出版した拙著『プロレスラーは観客に何を見せているのか』（草思社）の文庫版として、オリジナルのまま刊行される予定だった。

しかし、2023年秋にあらためて同書を読み直してみたところ、ところどころに何か大きな違和感というか、このまま文庫化してみても、はたしてその内容が4年超の時間を経過したいまに求められるものなのか、ファンの皆さんがまだそれに興味を抱ける内容なのだろうか――そんな疑問が次から次に湧きあがってきてしまったのだ。

例えば、同書の第2章のタイトルは「メジャーとインディー」だった。しかし、この章タイトルをいま眺めてみたところ、「これ、何が論点になってたんだっ

『プロレスラーは観客に何を見せているのか』

け？」と書いた本人にすら全然ピンとこなかった。

なぜなら現在、メジャーとインディーの垣根なんて、すでにどこにも存在していないからである（ただし『区分け』は頑として存在する。これについては、この本の第2章『メジャーとインディーの壁はあるのか』で詳しく書く）。

あれから4年の歳月が流れ、時代は移り変わった。当然、プロレス界もどんどん変わっていったのだ。

さらに言えば、オレ自身にも変化があった。以前と比較して、考え方そのものが変化した部分も多いし、新たに書きたいことも、もちろん累積している。

なにしろこの4年で、オレは全日本プロレスに所属し、さらに退団もした。本書を読み進めてもらえればわかることだが、そこには様々な心境の変化やそれを引き起こさせる数多くの要因が存在していたことは事実である。

オレが全日本を退団するにさいして、プロレスマスコミやSNSでは様々な憶測や、ほぼ同時期に退団した選手たちへのオレによる「洗脳」説などが語られたものだが、それについても本書で言及していきたいと思う。

さらに、全日本を去ってからのオレは、生活拠点を福岡へ移し、九州プロレスへ移籍した。それに伴う、これまで知り得なかった発見（プロレス界だけでなく、地方と中央、みたいなものも含む）も、山のようにあった。

そんな流れで、現在のプロレスに対する自分なりの考察と、さらには社会の映し鏡としてのプロレスの側面についてオレなりの見方を、完全に書き下ろすこととした。

プロレスは、世の中とどう連動しているのか。そしていま、プロレスはどのような変化を遂げつつあるのだろうか――。

TAJIRI

2024年1月

目次

第5章　道場論——プロレスラーの魂を鍛える場所

第6章　いまプロレスでカネは稼げるのか

第7章　コミュ力――プロレスラーに必須のスキル

第8章　ＳＮＳとプロレスの歪んだ関係

第9章　プロレスは中央から地方へ

第10章　達成感の最終回を探す旅へ

第1章

プロレス界を生き抜く条件

全日本プロレス若手に指導した「表現技法」

全日本プロレスに所属していた2021年1月から退団する2022年末までの2年間。オレは月水金の週3回、神奈川県横浜市にある道場で、若手の指導にあたっていた。火木土を教える青柳《あおやぎ》優馬選手との交代制。純・全日本プロレス方式で指導する青柳選手に対し、オレの指導はアメリカ式とメキシコ式のミックスに加え、「表現技法」に多くの時間を割いていた。いま思い返してみても、当時の指導体制はプロレスの大局的な側面を交互に教わることができたのだから、かなり充実していたように思う。

そんな体制で稽古に励んでいたのは、大森北斗《ほくと》、青柳亮生《あつき》、田村男児《だん》、ライジングHAYATO、フランシスコ・アキラ、少し遅れて本田竜騎《りゅうき》。その後に年末の入門テストを経て、双子の斉藤ジュンとレイの斉藤兄弟（現・斉藤ブラザーズ）と井上凌《りょう》。さらに少しして、新人の安齊《あんざい》勇馬が加わった。

全員、プロレスの才能に恵まれていたと思う。これまで長きにわたり世界中で数多くの若者を指導してきたオレにとっても、全日本の道場で教えてきた彼らは、相当に恵まれた肉体能力とプロレスセンスを有している若者たちだった、と断言できる。

しかし人間である以上、同じことを教えても、それを吸収する速度、さらにはそれを本人が必要と感じて受け入れるか否かなどの反応は様々だった。

大森北斗は、ここでも先頭に名前を挙げたように、集団の中において、いつの間にか先頭に立つリーダーとして頭角を現してくる才能を有していたと思う。それは、デビューが最も早かったからだけではなく、彼が持って生まれた一つの特性ではないだろうか。

北斗は何を教えても「はいはい、とりあえずはやってみましょうかね」といった、はたしてこの子は本心から納得してこれに取り組んでくれているのだろうか？　と、こっちをビクつかせてくれるどこか疑わしい一面というか、そこが面白いところではあるのだけれども、いまにして思うと、それは誰に対しても容易に服従することはない一種の反骨心だったのかもしれない。

とりあえず、言われたことはやってみるけれども、それを受け入れるかどうかを決めるのは俺だ、的な。ある意味、非常にレスラーらしい人間性である。


青柳亮生はいちばんの優等生だった。プロレスのムーブ（動き、立ち回りの意味）に関して、その要所を早くに摑んでしまう才能を誰よりも有していた。そして、はたしてこれは自分にとって必要なものかどうかを嗅《か》ぎ分ける嗅覚を持っていたというか。

どんなときにも決して崩れることのなかった表情の奥底では、そういったことを考えながら稽古に取り組む計算も、しっかりとなされていたのではないだろうか。ムダを省く計算からか、自分に相性のいいものを徹底的に磨いて、すぐさま自分のものとしてしまう習得のスピード感が誰よりもあった。

田村男児は、彼らの中で最も「可愛げ」があった。例えば、何かの技を繰り出して失敗したとしても、それが北斗や亮生だったら「なにやってんだよ！」とファンに罵《ののし》られてしまうところでも、男児だったら「頑張れ、もう一度！」と応援されてしまうであろう可愛げ。それこそは、彼が持って生まれた天賦の才だ。

そして、派手なことには決して向いていないけれども、地味なものを地道に反復する過程で、最終的にはそれをオリジナルに昇華させ、自分独自のものとしてしまう特殊な能力があったような気がしている。

ライジングＨＡＹＡＴＯは、彼らの中で最も「わかりやすい」人間だったように思う。何に喜んでいるのか、怒っているのか、悩んでいるのかがわかりやすかったので、オレにとって、彼らの中ではかなりリラックスして接することのできる子だった。等身大のわかりやすさというのか、おそらく人間が素直なのだと思う。

「レスラーは常人離れした超人であるべし」とは一つの定説ではあるのだが、HAYATOの場合は、「身近なアンちゃんが超人だった」といったフィクション系のキャラをつくりやすい人材だと思う。ビジュアルも抜きん出ていたので、アニメのようなキャラに最も近い人材ではないか。個人的にはそう感じていた。

本田は、ナメていた。そこが最高に面白かったし、魅力でもあった。

普段は腰が低く、おとなしい男を演じているのに、たまに二人きりになると、「実はこんなこと考えていたのか、コイツの前ではヘタなこと言えないなあ！」と、こっちが驚かされるくらい、とんでもなく悪いことを言い始めたりするのだ。

皆さんの周りにもいるのでは？　勉強はできないが、人の欠点やコンプレックスを見抜くのだけは異様に得意なタイプ。そういった部分を包み隠さず全開にしたキャラをつくり上げれば、ヒールとして大ブレイクする可能性があるとオレは考えていた。非常にプロレスラーっぽい。彼が育ったWRESTLE－1には、そういう二面性の面白さを有したヤツが多かったような気がする。

フランシスコ・アキラと斉藤兄弟については、あとに回す。彼らの成長過程を辿《たど》ることにより、本章の本題「プロレス界を生き抜く条件」を詳しく語っていきたいからである。

井上くんは入門当初、正直ダメだろうと思っていた。何を教えても、どこか的外れに理解しているというか。正直、勘が鈍いのではないかと感じていた。「スタイルを変えたいので、蹴りを教えてほしい」と言ってきたことがあるのだが、似合っているとは思えなかったので、一度教えたきりでそれ以降は触れなかった。

しかし、その後、どのように模索したのか詳しくは知らないが、いまでは立派な蹴撃《しゅうげき》ファイターに変身したそうなので、教える側の無理解とは、かくも恐ろしいものなのである。彼はとてつもなく研究熱心だったし、努力家でもあったのだ。

安齊勇馬は、入門当初からイケる予感しかしなかった。それでも最初は、ヒンズースクワットがまともに300回もできなかった。なのである日、「土日が休みの前日に、どんなにゆっくりでもいいから500回やってごらん」と伝えたら、金曜日に実際おこなったらしい。それ以降は300回程度なら平気でこなせるようになっていた。

体格的にも（188センチ、105キロ）、ビジュアル的にも、今後の全日本を支える柱となることは誰の目にも明白である。いくつもの才能を生まれ持つとは、なんとも素晴らしいかぎりである。

このように、教わる側の個性は千差万別。なので同じことを教えても、それを受け取っての進歩や理解の度合いが一定でないのは、当然のことである。そこに、差が生じてくる。その差をいかに覆《くつがえ》し、また他との差を大きく開いていくのか。それこそがプロの世界というものだ。

オレの「実の子」フランシスコ・アキラの成長

では、そんなプロの世界で生き残っていくために必要なものとは？　ここからが本題だ。

「これからの」プロレス界を生き抜く条件。この本の前身にあたる拙著『プロレスラーは観客に何を見せているのか』の第1章では『プロレスラーの条件』として主に肉体的な条件を書き連ねたが、この本ではマインド的な領域を書く。


すでにスクワットはいつでも1000回できます、それに伴うプロレスラーとして最低限のフィジカルは有しています——ではその先、何をどのように考えることが必要なのか？

大切なのは肉体を磨き、技術を向上させることだけでは絶対にない。確かに、それらも大切なことなのだが、プロとしていかに生きていくかを学ぶことも、同等以上に大切だとオレは考える。

その例を一つ挙げてみる。フランシスコ・アキラのことだ。

2022年5月15日、新日本プロレス「Best of The Super Jr.29（以降、スーパーJr.）」の初戦となる名古屋大会。同じ日に全日本プロレスは、ホテルエミシア札幌の2連戦で、大会2日目をおこなっていた。

大会を終えたオレは、一人いち早く、電車で新千歳空港へ向かった。東京へ帰る前に、空港でゆっくり酒を飲むためだ。

寿司屋でチビチビ飲《や》っていると、アキラが初戦でSHO選手に勝利したことをtwitter（現・X）で知った。アキラが日本に来ていることを知ってはいたが、その日からスーパーJr.が始まることは知らなかった。なので「もう試合したんだ」という感覚だった。

新日本デビュー戦に堂々の勝利。ほんの数十分前の出来事にもかかわらず、その話題がかなり飛び交っていたのは、それほどアキラの勝利はただならぬことだったのだ。

空腹に酒を流し込んだので、早くも酔いが回っていた。そのせいか、試合に勝利し、「やってやったぜ」といった表情で拳を握るアキラの写真を見た瞬間、オレは涙腺を刺激され、嗚咽《おえつ》していた。

イタリアで出会ったガリガリの少年が、異国で様々な苦労を積み重ねてここまできた（『戦争とプロレス』〈徳間書店・２０２２年〉所収、「小説　アキラの居場所」参照）。その生き様をずっと真横で見続けてきたオレにとって、アキラはもはや「プロレスで出会った実の子」と言っても感覚的に過言ではない。うれしく、めでたいことだ。日本酒をもう一杯注文した。と、そのとき——。

ＬＩＮＥがきた。アキラからだった。

試合を終えてまだ1時間も経っていないはず。きっと会場から送ってきているのだろう。そこには、こう書かれていた。

『戦争とプロレス』

イタリアでの初対面、アキラはガリガリの少年だった。

〈Hey TAJIRI san, you watched tonight's match? Do you have any feedback for me?〉

試合を観たなら反省点を教えてくれ――。全日本のリングに上がっていたころからオレにそう言ってくるのは、アキラの習慣だった。いつも試合後、真っ先にオレのもとにやってきては、「何かある？」と尋ねる。この日も、もしかしたら団体が違おうとも、「何かある？」とオレに尋ねてくるような予感はしていた。

初来日当初のアキラには、反省点がたくさんあった。そのつどオレは様々なことをアドバイスした。しかし、試合数を重ねるにつれ、アドバイスすることはだんだんと減っていった。アキラの全日本在籍末期ともなると、もう指摘することは特になく、「何もない、大丈夫」という返事に、「適当にあしらわないでよ！」と、ちょっとだけ寂しそうな顔をされたものだが。

ところでオレは、現在進行形な他団体の試合をほとんど観ない。観る手段も有していない。なので、このときもアキラに、「ごめん、観ていないのだ！」という返事を送った。大会を終えたであろうアキラは、帰り支度などでバタバタし始めたのか、オレからの返信は、ずっと既読にならなかった。

出発まで1時間を切ったので、搭乗口へ向かうと、ジェイク・リー〝総帥〟がいた。〝総帥〟とは、当時のオレたちが組んでいたヒールユニット「TOTAL ECLIPSE」（他のメンバーは、大森北斗、児玉裕輔《こだまゆうすけ》、土肥《どい》こうじ、羆嵐《くまあらし》）時代の呼び名だ。

ジェイクの隣に座り、アキラの話をする。新日本プロレスの映像配信チャンネル「NJPW WORLD」に加入しているジェイクのスマホで、アキラの試合を観た。素晴らしい内容だった。酔っていたので細かい分析はしなかったが、ほんの少し前の全日本時代よりも格段に進歩していた。

なんというか、アキラが本来志向していた試合は、きっとこういうテンポと攻防だったんだな、という印象だった。相手のSHO選手もオールラウンドに非常に巧《うま》い選手で、初戦の相手として実にラッキーだったような気がする。

まだ既読にならないアキラのLINEに、〈いま観た、素晴らしかった！　今

後もDo your best!〉と返信すると、すぐさま既読になり、
〈Thank you very much TAJIRI san!〉
と返事がきた。いつかのように「適当にあしらわないでよ！」というふうではなかったので、本人的にも満足度の高い試合だったのだろう。

成功するための絶対法則とは

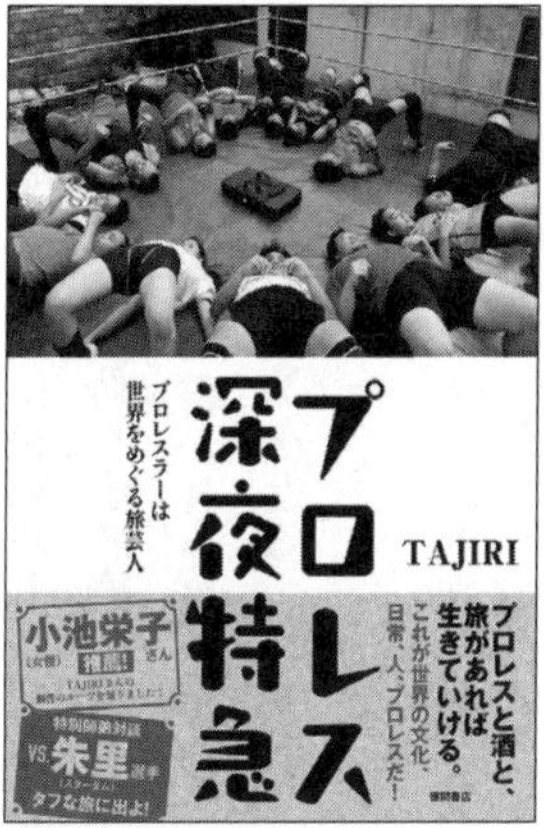

『プロレス深夜特急』

初来日からしばらくの間は、アキラに様々なことをアドバイスしてきた。拙著『プロレスラーは観客に何を見せているのか』と『プロレス深夜特急』（徳間書店・2021年）に詳しく書いている次のようなことなどを。

◎まず最初に視線ありきで進みたい方向を見るクセをつける
◎すべての動きは最後に加速する
◎リングに書かれた見えない「米」の字（本書P．133〜参照）に沿ってポジションをとる

さらには、カメラに対する魅《み》せ方のコツと、その基本的な考え方。タッグマッチにおける相手と触れ合わない空間に存在する、いくつもの重要なポイントなど。普段あまりそういう指導はしないのだが、細かい技もいくつも教えた。

しかしそれらのことは、センスのいい者なら自分で研究しても身に付けられることでしかない。これまでアキラに伝えてきた中で、本当に重要なことは、そういうことではないとオレ的には考えている。

それは何なのか。こういうことである。これはアキラと二人で飲んでいるときに、しつこいくらい伝えてきたことでもある。箇条書きにしてみる。

「何かある?」と、試合後に必ず尋ねるのがアキラの習慣だ。

◎プロレスラーは個人商売である
◎そしてイメージ商売である
◎他人との間に生じるミクロな軋轢《あつれき》は気にしないで、グローバルな目標へと邁進《まいしん》すること

まず、個人商売。これは当然のことなのだが、プロレスは結局、自分一人で這い上がっていく以外にない世界。プロレス界も他人との関わりで構成されている以上、仲良しこよし、和を大切にすることなどは、もちろん大切である。しかし、

「独立したプロフェッショナルは誰にも迷惑をかけない」

という当たり前の大前提に則《のっと》れば、そんなことは自動的に成し遂げているはずなのだ。そういうレベルの高い個人の集合体こそが、本当のプロ組織だとオレは思う。誰かに迷惑をかけるような者は、プロではない。

そして、イメージ商売。どんなに派手な技ができようとも、どんなに動きが速かろうとも、それだけでは「実寸大」な現実の世界のお話でしかない。そこへ現実離れしたイメージ＝キャラクターを加えていく。否、キャラクターを披露するためのツールとして、現実を用いるのだ。

この「イメージ」を重要視する意識が欠けていると、世界的規模な組織にまでは絶対に到達できない。プロレスは、一種のファンタジーショーである。その組織が欲しているのは、「ファンタジー世界の住人」だ。

さらに、他人との軋轢。特にアキラは神経が細かく、他人にどう思われているかを気にする傾向が強かったので、これはかなり口にしてきた。

ジャイアント馬場さんの言葉に、こういうものがある。

「この業界のゴタゴタ、原因はすべてジェラシーだよ」

他人に何を言われようと、気にする必要は微塵もない。むしろ、言われれば言われるほど、それは目立っている証拠である。人が羨《うらや》む、だからあれこれ言われるようになる。まずはそこまで到達してからが、プロの世界だ。

アメリカのプロレス指導者は、技術的なことも教えるかたわら「このビジネスはな……」という視点からの「考え方」のアドバイスを非常に多く与える。オレも、それに倣《なら》ってきた。

そして、どんな弟子にも、オレはほんの少しの手助けをしてきただけにすぎない。99％は本人のセンスと努力の結果である。そのことも常に、オレはアキラに伝えてきている。

こうした考え方を知り、理解し、レベルの高いマインドを身に付け、自分の中に浸透させていくこと。それは結局、プロレスの世界にかぎったことではなく、どこで生きていくにしても成否を分ける決め手となる「絶対法則」のようなものだと思うのだ。

すべてはお金のために行う＝プロ意識

さらに肝心なことを記す。

アキラは全日本に来日していたある時点から、「稼ぐ」ということを強く意識し始めた。

「もっと稼ぎたい」

「そのために、もっと大きな（プロレスの）団体に上がりたい」

いつのころからか、そんな言葉が口癖のようになっていた。

お金があればもっと幸せになれる。それは、ただ一人の外国人として全日本の道場に住み続けていたからこそ、多くの局面でそう感じる機会があり、覚醒した部分ではないかと思うのだ。オレも一人メキシコで苦労していた時代に、「もっとカネがあれば」と、多くの場面で強く意識され続けた。住環境で、食の面で、カネにもならないド田舎の試合だろうと引き受けざるを得なかったときにも。稼ぐんだという意識。それは非常に大切なものである。

ときどきいる。「お金じゃないんです」「関われていれば満足なんです」、そんな姿勢でプロレスに手を染めている者が。

しかし、そんなマインドはアマチュアのものでしかない。行きつく先もたかが知れている。プロである以上「お金じゃない」などと軽々に語ることは、「それで生活を成り立たさねばならない最重要義務を放棄した無責任な考え方」だとオレは思う。

アキラが口にし続けてきた「稼ぐ」という言葉に秘められた言霊《ことだま》が、彼を新日本にまで導いたのではないだろうか。それは、いわゆる潜在意識の活用法に通ずるものでもあり、これからプロレス界でのし上がっていきたい者だけではなく、どこの世界で生きていくにも、こういったマインド面の勉強と習得は欠かせないのではないかとオレは思う。

ただ肉体と技を磨けばいいなんていうような、プロレスはそんな単純なものではない。この世の中は様々な要素が複合的に高次元で絡み合い、それが響き合うことによって初めて、それなりの結果が生じるようにできているのだろう。

「プロ意識」と「プレイヤー意識」

そして、プロレスにおけるいわゆる「プロ意識」と呼ばれるものを考えてみる。どういった言葉が頭に浮かんでくるか？　いくつかあると思う。例えば……。

■常にコンディションを整えている

■誰と闘っても「いい試合」をする

■他の選手と問題を起こさない

■ファンサービスがいい

などなど。しかし、一般的に考えられているであろうこれらのことが、はたして本当にプロ意識の範疇《はんちゅう》に含まれるべきなのかどうか。オレはそうは思わない。なぜなら、これらは……あまりにも単純明快な個人的意見を書いてしまうが、

「当たり前のこと」

でしかないからだ、どれもこれも。プロレスラーとして当たり前のことにすぎない。これらはプロではなくとも、それこそアマチュアプレイヤーのいい選手であれば、当然のごとく備わっているべき要素とも思う。

なので「あの選手は、いつ見ても仕上がりがいいね！」だとか、「本当にいつもいい試合をするね！」だとか、「人格者だね！」も、どれも当たり前のことでしかない、人前に出て何かをする商売に携わっている以上は。つまり、これらはプロ意識と呼ぶべきことではなく、

「プレイヤー意識」

という感覚で、オレ個人は捉えている。

では、プロ意識とはいったい何か？　その答えは……それを書いてしまう前に、

そもそもプロとはなんであろう。いくつか答えがあるとは思うが、最も根源的にして忘れてはならない重要事項。それは、

「最終目的が『少しでも多く稼ぐ』ことである人」

だと、個人的には考えている。だから、例えば「皆さんに喜んでもらえれば、お金なんていりません！」みたいなのはプロではない。アマチュア、いや、それですらない趣味の人。

前述した考え方を根底に、プロレスにおける最重要なプロ意識というものを個人的に定義すると、

「すべてはお金のためにおこなうという意識」

を有する者、ということになりそうである。

猪木＆闘魂イメージ払拭と新日本の成功

しかし、お金のことは一切考えずに、純粋な気持ちで臨まなければいけない局面も、プロレスにはある。というか、矛盾するかもしれないが、そんな局面ばかりかもしれない。

例えば、試合。リングの上で激しく闘っている最中に、「この闘いを、俺はお金に変えてやるんだ！」なんて考えていたら、試合に集中できないばかりか、怪我をしてしまうかもしれない。ファンミーティングなどで、「ここにいる全員から1円でも多くいただいてやる！」なんて考えているヤツがいたとしたら、もはやクズと呼ぶべきである。

そうしたことをあえて意識していなくとも、最終的にはお金を生み出すマインドとスキルを、すでに自己の中に組み上げて、やることなすこと誰もが満足してくれるかたちで、すべて自然にふるまうことができるか否か——とでも言おうか。

そんなマインドを自分の中ですでに組み上げ終えている選手は、結果的にお金を生まないものはすべて価値がないものと見なし、そこに手を出すことは一切ない。つまり何かに手を付ける時点で、それをすべてお金に変えて、所属する会社（団体）が得をし、お客さんも満足する道筋を、すでに見出しているのである。

そういった選手（このさい、「関係者」も付け加えてしまう）は、傍《はた》から見ていると「なんでそんなことを!?」とファンが疑問に思うようなことでも、自信満々に淡々と実行していく。

日本のプロレス界でいえば、アントニオ猪木さんや、その闘魂イメージを完全に払拭《ふっしょく》することに成功したいまの新日本プロレスが、これに該当すると思うのだ。（新日本の親会社の）ブシロードが、新日本プロレスの変革をスタートした時点で、おそらく同社の上層部には見えていたのではないだろうか。そう遠くない将来、日本のプロレス市場だけでは商売にならなくなる日がやってくるであろうことを。

よっぽどジャパニーズ・プロレスヲタ、なガイジンにしか理解されないであろう、「アントン色」や「闘魂色」を消し去って、広く世界に浸透させるべき新たな新日本色を創造し、しかも世界のどこからでも観られる有料配信にも、早くから手を付けていた。ソフト面でもハード面でも凄まじい先見の明——これぞプロ意識の高い組織だと思うのだ。

そんなプロ意識を身に付けるためには、どうしたらいいのか。

いちばん手っ取り早い方法は、アメリカで修行してみることだとオレは思う。自分の身を置いてみればわかる、すべてがお金を生み出すためにしか存在していない世界に。

そして、そこで生み出されるお金の額が大きくなればなるほど、より多くの人々が喜んでいくことを実感できる本物のプロの世界——それがアメリカのプロレス。

オレはいつも、若い子にこう言っている。プロレスで大きく稼ぎたいのであれば、一度はアメリカに行かないとお話にならないよ、と。

日本でそれを磨くためには、そういった経験をしてきた人の話をとにかくよく聞くことだ。別に、オレの話を聞いてもらいたくてこんなことを書いているわけでは全然ないのだが、話の根底に存在しているはずの「核」の部分をすくい上げ、自分なりに嚙み砕いてみる。いい話を聞いて、考える。その癖をつける。その繰り返し。少々時間はかかるけれども。

そして、そんなプロ意識の対極に位置するマインドがある。「嫉妬《しっと》」だ。嫉妬は、何一つとしていいものを生まない。非生産性の最たるもの。なので、集客に苦戦している団体ほど、フタを開ければ嫉妬が渦を巻いている。これまでの経験からも、それは間違いない。

「どうして俺がこんなポジションで？」

「あいつより俺のほうがウケてますよね？」

「あいつのほうがギャラが高いのは納得いかない！」

「あの団体が超満員？　どうせ招待券配りまくってんだろ！」

志ある若者は、そんな言葉に絶対に耳を貸してはいけない。負のパワーに浸食されて、どんどん貧乏になってしまう。


いまの日本プロレス界で「プロ」と呼ばれることは簡単だ。しかし、本物のプロ意識は、おいそれと身に付くものではない。プロレスラーになるためには、プロレス一本で生きていくためには、こういった座学的なことも絶対に必要となってくる、これからはさらに。

オレは本物のプロ意識を持った、本物のプロレスラーを育てていきたい……こんなことばかり書いていると、またどこかで確実に嫌われてしまうのだが。

斉藤兄弟が海外修行で得た「考える」生存戦略

さて、いまや全日本プロレスで押しも押されもせぬ主要登場人物となった斉藤兄弟について触れておきたい。その成長過程において、現在の立ち位置を築き上げるうえで、何が彼らを後押ししたのか。あくまで予測というかたちではあるが、書いておくことにする。

全日本を出自とする彼らが、他の若手選手と大きく異なる点。それは海外修行を経験していることである。

彼らの海外修行は2022年1月、アメリカのプロレス団体MLWからスタートした。当時オレは、その団体のミドル級チャンピオンだったので、王者の特権とでも言おうか、無理やり彼らの試合をねじ込んでもらった。もともと「全日本とビジネスをしたい」という先方の要望から始まった交流だったので、少々のお願いはなんでも聞いてくれたのだ。

その前にまず、どうして斉藤兄弟はアメリカで修行することになったのか。

それは一言で言ってしまえば、「そうしたほうが絶対にいい」と、オレが会社(全日本)に進言したからである。彼らの持って生まれたスケールの大きさは、日本サイズの枠の中で育てるべきでは絶対になかった。

それに入門時からすでに30歳を超えていたので、年下ばかりの環境で育ってしまうと、「意識を低年齢に合わせる」ことが日常化してしまうし、実際、そんな気配が傍から見ていてかなり感じられていた。そうすると、せっかく蓄えてきたこれまでの人生経験にあえてフタをしてしまうことになり、成長の妨げとなる。

デビュー時から30歳を超えているレスラーは、いまではそれほど珍しくないけれども、グズグズと悠長に育てている時間はない。20代と同じ速度で育ててはいけない。さらに、自分よりも小さな選手ばかりの中で育ってしまうと、「大きなプロレス」が身に付かない。オレはそれを最も危惧した。

本人たちにアメリカ修行の意思を確認すると、「行きたいです！」と即答だった。もともと15歳からの数年間をアメリカで過ごしたことがあったにせよ、海外修行と聞いて躊躇するような冒険心と好奇心が欠如した人間では、レスラーとして大成するはずがないとオレは思う。幸いにもこのときの全日本プロレスは若手が充実している時期だったので、会社も彼らを修行に出すことに賛成した。こうして斉藤兄弟は、オレと一緒にアメリカへ旅立った。

アメリカに到着し、MLWでの第1戦。彼らは、日本の浴衣《ゆかた》と般若《はんにゃ》の面を持参してきていた。そして、日本的な入場曲も自ら準備していた。当たり前のことだと思われるだろうか。そう、当たり前のことである。しかし、あのまま日本にいては、相当なキャラクターチェンジをする機会でもなければ経験し得ないことを、彼らはデビューからたったの半年後に経験したのである。

斉藤兄弟のアメリカ修行第1戦は、浴衣と般若の面で登場。

アメリカデビュー戦を勝利で飾り、その後に試合を終えたオレと会場のバーで酒を飲みながら、セミとメインの試合を一緒に観た。そのとき、彼らのどちらだったかは忘れたが、こんなことを口にしていた。

「日本のプロレスと全然違いますね」

その瞬間、彼らはそれまで触れたことのなかった、異質なものに触れることができたのである。

多様化する価値観を持つために「海を渡れ」

その後はニューヨーク州北部に拠点を置くＧＲＩＮＤという団体を中心に、定期的に試合をこなしていった。半年後にはオレの欧州遠征に合わせ、イギリスを皮切りにポルトガルとマルタのプロレスも経験した。そのさいは試合だけでなく、オレの代わりにセミナー前半での講師役も担当してもらった。

まだ教わるべき立場でありながら人を教えるには、最初にある程度のハッタリをかますことが必要となってくる。斉藤兄弟は、外国人にとって未知の領域である相撲式の下半身強化運動の手本を示し（大半の読者はご存じと思うが、二人は大相撲・出羽海部屋にて8年間活躍した元力士でもある）、誰もついてこれないほどの回数をこなすことで、講師としての立場を確立した。

試合もこなしながら、そんなことを各地でオレたち三人は、1か月間続けた。オレが受け取るセミナーのギャラはきれいに三等分したので、再びアメリカに戻るときの彼らは「金持ちになりました！」と実にうれしそうであった。

こうして斉藤兄弟は、海外で生き延びていくために必要な「考える」という習慣を身に付けた。それも技について考えるだけではなく、もっと根本的な「生きていくためにはどうしたらいいのか」というあたりを。そこに、プロレスに必要なすべてのアイデアが芋づる式に付随してくると思う。そこなのだ、海外修行をする本当の意義は。

凱旋帰国後、斉藤兄弟は全日本で確固たる地位を築いた。

結局、何が言いたいのかというと、「他人ができないような経験をすることが大事だ」ということである。それは何も「だから海外へ行くべきだ」などという安直な話ではない。いまの時代、誰もがあらゆる刺激を受け慣れている。それこそボタンを一つ押すだけで、地球の裏側の情報だって、手のひらの中のスマホで見ることができてしまうのだ。

イヤミな言い方をしてしまえば、情報不感症な人々の想像の裏をかき、檄《げき》を与えるには、人並みなことだけをしていてはもはや難しい。最近の国内メジャー団体はそのことがわかっているのだろう、若手が一定のキャリアに達したら必ず海外修行に出していると、オレには思える。プロレスラーに限らず一般人も、海外で手軽に異文化を経験しまくっている現在、それくらいの育て方をすることは、最低限の条件ではないだろうか。

もちろん、斉藤兄弟は素材的に、全日本でずっと育ったとしても結果的にいまの地位にまで成長しただろうし、いまとなっては海外修行よりも、凱旋《がいせん》帰国後の全日本での様々な経験がつくり上げた部分のほうがよっぽど大きかったかもしれない。しかし、こうした海外修行という経験が成長の初期段階にあったことは、れっきとした事実である。

プロレス海外修行の意味

この章の締めくくりとして、海外を経験することの意味をまとめておく。

オレの個人的見解として、いまのプロレス界で生き抜いていく以上、一度は海外で修行を積むべきだと考えている。

なぜか。まず一つは、プロレス自体が世界と連動しているジャンルであり、その才覚を磨くためである。

もっとも、国内の一部のファンだけをターゲットに、その人たちだけが喜ぶものを提供すると決めているのであればそれでもいい。しかし、国内で大金を稼ぐことは、唯一のメジャー団体でトップ級に躍り出ないかぎり、もはやほぼ不可能である。

そこそこの暮らしを維持する程度ならば可能だが、レスラーを志したからには、せっかくなら大金を摑んでいただきたい。大金を稼ぐことのできる海外の大きな団体に一度は所属してみること。それがいちばんいいのではないか。

ただしオレは、全日本の若手たちにはそういう話をあえてしてこなかった。なぜなら、彼らの多くは「全日本プロレス」というブランドに憧れて入ってきているからである。ここで記すことは、オレのように根っこがフリーのレスラーに対して語っているような感覚だ。

話を戻す。そして団体側も、若手が海外へ渡ってしまったら「戦力流出だ」とか、そんなミクロな考えになるのは愚《おろ》かである。誰かが出ていけば、必ず次の誰かが飛び出してくる。狭い檻《おり》の中に囲いたがるような者は、そういうことを知らない。

プロレスは巡り巡る。出ていった者も、たいてい、いつかは戻ってくる。なので目先のことよりも、選手一人ひとりの人生が最高なものになれば、それにより返ってくる恩恵のほうが、会社にとっては大きいとオレは考えている。
だから、SMASH時代にKUSHIDAが新日本へ行くさいも、まったく反対しなかった。というか、

「関わる者の人生を幸せにするために存在しているのがプロレス」

のはず。その信念に則って事をなせば、うまくいかないはずがないと信じている。

さて、本題である。
「日本のレスリングはレベルが高い」ような話はよく耳にする。しかし、それは昔の日本のプロレス界がマスコミと一緒につくり上げ、国内に浸透させた幻想であり、海外が日本に比べて劣っているなどということは全然ない。

よほどのプロレス後進国でない限り、どの国の間にも技量的な差など実際はないと個人的には感じている。というか、どこの国でもレベルの高い選手は本当に高い。アメリカもメキシコもイギリスも日本も、巧い選手は本当に巧い。

そして、ここからが肝心なのだが、プロレスでカネを稼ぐためには、ただレスリングが巧いだけではどうにもならないのだ。それは、プロレスを構成する要素の一つでしかない。

変なたとえだが、器があり、麺があり、スープがあり、具があって、初めてラーメンとしての評価を得る、そのような感じ。

プロレスには試合スキル以外にも、ビジュアル、それに則ったキャラクター、それを伝える表現力、喋《しゃべ》り（マイクパフォーマンス）の巧さ、何か気になると感じさせる何か（変な言い方だが）などなど。様々な要素を兼ね備えてこそ、世間は初めてお金を払ってくれるのだ。

ただし、日本だけで育つと、そのことがいつまでもわかりにくい。とうとうわからないまま引退していく選手のほうが、圧倒的に多い。それが日本のプロレス文化だと、オレは考えている。

その理由は、プロレス団体という会社組織にレスラーが守られているからである。守られた環境でただ試合をし、体を動かしてさえいれば、そこその団体に所属しているかぎり、食うに困ることはないからだ。そうなると、試合のクオリティだけを追求しがちになる。そうして構築されてきたのが日本のプロレス界のほとんどだと、オレは考えている。それがいいとか悪いとかではなく、そういうことではないのかと。

「日本にいたい」としがみつく若者の心理

もっとも、メジャークラスの団体のエース級ともなれば、必然的に様々な要素を研究し、兼ね備えている者もいる。その半面、そうでもないのになぜかトップを張っている選手もいる。その場合の理由も「団体が会社組織だから」である。海外の場合は、まずたいていフリーからスタートする。そして、レスリングスキル以外も秀《ひい》でた者だけが、大手団体の目に留まって契約を許される。そこが違う。繰り返すが、どっちがいいとか悪いとかを言いたいのではない。そこが違うと言っているだけだ。

海外修行に関する本音というか、本当はこれをいちばん言いたいのだが、レスラーになった以上、若いころに海外の風に吹かれ、カバン一つで地球を闘い渡る。そんなかっこいいことをしない手はないではないか。プロレスラーになった理由は各人様々だろうが、結局のところは、

「かっこいい自分を見てもらいたいから」

そういうことだと思うのだ。

しかし、ここまで書いていてふと思ったのだが、この価値観はすでに古いのかもしれない。「海外で闘っている」ということが、それほどかっこいいこととは映らないのだろうか。最近の若手には「英語が話せない」「日本がいい」と言って、海外修行に怖気《おじけ》づく選手も多い。オレからすれば、かっこよくなれる絶好の機会だというのに！

だから、そんなこと自体が、もしかしたらすでにかっこいいことではないのかなあ？　などと考えてしまう。

時代は変わる。しかし、海外で様々な要素を身に付けてきた者は、プロレス界でも、それ以外でも、カネを稼ぐチャンスに多く恵まれる。そこだけは絶対に不変だ。

価値観が多様化した現代。プロレスラーもあらゆる角度からの価値観を身に付けないと生き残っていけなくなる。オレはそう考えている。

クリスマス
プロレス

第2章

メジャーとインディーの壁はあるのか

越境を許さなかったメジャー団体

本書の前身となる『プロレスラーは観客に何を見せているのか』の第2章は「メジャーとインディー」だった。「はじめに」で触れた通り、本書は同作の文庫化を予定していたのだが、読み返すごとに、どうもオレの現在の思考との大きなズレがあった。特にこのテーマには、強くそれを感じた。これはオレだけの感覚だろうか。本稿執筆中の2023年12月末時点では、全然ピンとこない。それこそ「これ、なんのことだったんだろう?」くらいな感じで、それの何が論点となっていたのか、いつまでも頭にひらめいてこないような。

メジャーとインディー。『プロレスラーは観客に――』を上梓したほんの5年ほど前までは、そんな概念がまだ選手、関係者、ファンの意識にハッキリと存在していたのだろう。もちろん、この区分けは、いまも頑として存在しているが、それが何か大きな意味を成すかというと、それはない。もはや、そういう時代ではなくなっているのではないか。

いまやメジャー団体に、インディーの選手が普通に参戦しているし、その逆もまた然《しか》り。それが完全に当たり前のこととして、選手、関係者、ファンにも、特別な感覚はなく浸透しきっているのではないか。プロレスはそこまで大きく変わったのだ。

かつてメジャーとインディーを分断する壁は、いまの感覚では考えられないほど強靭《きょうじん》で分厚かった。インディー側からその壁を突き破ろうとする者には、メジャー側からの容赦ない突き返しが待ち構えていた。そこには、協調性や業界発展のために下の者を引き上げるなんて生ぬるい発想は、いくつかの例外を除いて微塵《みじん》もなく、あるのはただ、

「ふざけるな！」
「潰《つぶ》す！」

という対立概念のみであった。

そういえば、2023年12月10日、オレが現在所属している九州プロレスの野崎広大と阿蘇山が、新日本プロレスのグランメッセ熊本大会に参戦したので同行した。新日本の控室にオレが入ったのは、最後に参戦していた2010年秋のG1タッグリーグ以来だったろうか。そのときもすでに、

「〝おっかなかったあのころの新日本プロレス〟とは全然変わったんだな」

という印象だった。経営母体がユークスとなり、ブシロードに代わり、時代とともに団体を巡るあらゆるものが変化を遂げていった。それが世の常というものである。

新日本プロレスは「おっかなかった」

「おっかなかったあのころの新日本プロレス」――それはオレにとって、当時の所属先だった大日本プロレスの若手時代に参戦した、1997年当時を意味する。

あのころの新日本が「いかにおっかなかった」か。メジャーとインディーを区分けする壁がいかに分厚かったか。オレはそれをnoteに書いている。4部構成の超大作となるが、それほどオレには衝撃だったし「おっかなかった」ということ。本書のトーンとは明らかに文体やノリが違うが、あのときの記憶をストレートに書くには、そのままの引用がふさわしいと判断した。ご了承いただきたい。

【1997年……あのころの新日本プロレス：その1】

若いレスラーと酒を飲むと、昔のことをよく尋ねられる。WWEの内幕、新人時代のことなど。そして、結構多いのがこの質問。

「昔の新日本て怖かったんですか？」

まだ若手だったオレが新日本に上がっていたのは1997年。当時の現場監督は長州（力）さんで、ゴマシオこと永島（勝司）さんとコンビを組んでいたあの時代。

橋本（真也）さん、武藤（敬司）さん、蝶野（正洋）さん、（佐々木）健介さんを筆頭に、藤波（辰爾）さんもいたし、テレビ解説ではマサ斎藤さん。Jr.ヘビー級では（獣神サンダー）ライガーさん、大谷（晋二郎）さん、金本（浩二）さん、高岩（竜一）さん、（エル・）サムライ選手。なにしろ当時唯一の練習生が真壁（刀義）さんだった。そんな時代の新日本プロレス。

そもそも大日本に所属していたオレが新日本に上がるきっかけとなったのは、長州さんによる「インディーなんかが存在するからプロレスがナメられるんだ」みたいな発言。その言葉に真っ先に噛みついたのが、我が大日本の小鹿のおとっつあん（グレート小鹿）だったのだが……。

そのあたりの流れは、ＴＡＪＩＲＩのｎｏｔｅにまで辿《たど》りつくほどの皆さんならご存知だと思うので割愛するが、当時のオレは新日本に上がるのがイヤでイヤで仕方がなかった。

なぜかというと、頭の中にはメキシコのルチャリブレしかなかったからである。日本一のメジャー団体に対する憧れは微塵もなかった。いまにして思うと、インディー小僧のくせになかなか生意気な野郎である。

それでも、（新日本の）東京ドーム大会にだけは出てみたかった。単純に、あんな大会場で闘ってみたかったから。理由はそれだけ。しかしドームでの試合を永島さんがたいそう気に入ってしまい……いや、実はそれ以前。大日本を視察に来た永島さんはドクトル・ワグナーJr.と闘うオレの試合を見て、すでに相当気に入ってくれてしまっていたそうなのだ。なのでドーム後に、その年のスーパーJr.へ参戦することが早々に決まったと小鹿のおとっつあんに聞かされたときは、憂鬱な気持ちだった。

「タズルぅ、よかっただにぃ！」（※オレにはこう聞こえるのだ。以下同）

喜色満面な小鹿のおとっつあんの目には「¥」マークが浮かんでいた。タズルが金ヅルにされているようで、それもかなりの割合でイヤな理由だった。

さらに、「昔の新日本て怖かったんですか?」といまでも伝説となっているほど、当時の新日本は実際に怖かった。インディーにはまずいないようなデカい体のアスリートたちが、何かあるつど「なんだテメえ、この野郎!」と怒鳴り散らすような世界。当時のオレは、まだキャリア3年にも満たないころ。いうなれば、おとなしい小学生が常に殺気立っている荒くれお兄さん方のひしめく体育大学寮にぶち込まれたようなものである。そりゃビビるわな。それでも決まってしまったシリーズ参戦。オレは単身新日本プロレスへ送り出された。

スーパーJr.開幕初日は群馬県桐生市だった。5月だったが、季節外れに暑かった日。当時、新日本の常宿だった新宿の京王プラザホテルからガイジン用バスに乗れと言われていたので、(横浜の)鴨居にある大日本道場から一人、電車で新宿へ向かった。絶対に時間に遅れないようかなり早めに出発したのだが、まずここからすでに失敗だった。

1時間半も早くに到着してしまったのだ。少しでも体力をロスしないようホテルのロビーに座っていたのだが、誰か新日本の関係者らしき人が通るたび、挨拶したほうがいいものかどうかとオロオロ。精神的にムチャクチャ疲れるヤツ。


やっとバスがやってくると、エレベーターで参戦ガイジンたちが降りてきた。クリス・ジェリコ、ロビー・ブルックサイド、チャボ・ゲレロJr.、ドクトル・ワグナーJr.、スコルピオJr.。いままでは全員顔見知りだが、当時はワグナーとスコルピオ以外は初対面。慣れない英語で挨拶しなくてはならず、ここでもムチャクチャ気を使った。

さらにオレと同じく、他団体から参戦の中島半蔵選手と愚乱浪花《ぐらんなにわ》選手（故人）は出発ギリギリにやってきた。「ああ、オレもギリギリに来ればよかったんだな……」と思うと、さらに疲労が押し寄せてきた。

二人とは、このときが初対面。一応先輩なのでここでもさらに気を使います。しかしバスの中で話をすると、浪花選手も新日本に対して相当ビビッているとことがわかり、仲間を得たようで少しだけ気が紛れた。もう一人の半蔵選手は「頼まれて出てやってるんだから、こっちが気を使うことなんてないんだよ」と。この人の神経はいったいどういう構造になっているんだろう？と羨《うらや》ましかったものである。

いまにして思うと、半蔵選手は「おとな」だったのだ。

で、バスが会場に到着した。日本人選手はすでにリング上で体育大学生たちのような迫力で合同練習に汗を流しており、その横をコソコソと隠れるように通り控室へ入った。

通されたガイジン用の控室では端っこに陣取った。少しでも目立たないようおとなしく。

しかしオレは小鹿のおとっつあんにあることを頼まれており、どうしても日本人控室へ行かなくてはならない用件があった。

「タズルぅ、ワシは橋本くんと仲がいいんだにぃ。なのでお前の面倒をよく見てもらえるよう手紙にしたためるから、必ず彼に渡すんだにぃ」

と、オレにとってはハタ迷惑で余計なお世話以外の何物でもない用件。仕方がないので日本人控室へ出向いたのだが……誰もいなかった。よく考えたら、全員リングで練習していたからである。ホッとして、しかしあとでまた来なくてはならないという心の重圧はむしろ高まってしまうやつ。

コソコソとガイジン控室へ戻ると、浪花選手が暗い顔をしている。

「タジリさん……あのう、やっぱり皆さんに挨拶しにいったほうがいいですよねえ？」

それは、オレも気になりまくっていたことだった。

「そうですよねえ……じゃ、皆さんが練習終わったころ合いを見て一緒にいきますか？　ちなみに中島さんは？」

「半蔵さんは『そんなんしなくていい』って、どっかいっちゃったんです！」

「すごいですね、あの人……あ、かけ声が聞こえなくなったから練習終わったんじゃないですかね？」

扉の隙間からこっそり覗くと、いままさに合同練習が終了したところらしく、全員リング上でそれぞれ柔軟体操などをしている。

「じゃ、いきますか……」

「怖いなあ……」

二人で恐る恐る、リングサイドへ近づいた。全員がギロリとこちらを見てくる。噂では最も恐ろしいといわれる某選手がコーチ役だと聞いていたので、その選手にいちばん近い場所から二人で声をかけた。

「お疲れ様です！　ご挨拶よろしいでしょうか!?」

股割りをしたままこちらを見てはいるが、返事はなかった。

「みちのくプロレスの愚乱浪花です！」

「大日本プロレスの田尻です！」

よろしくお願いします！　と、二人同時に頭を下げる。しかし……誰からの反応もない。コーチである某選手が何一つ言葉を発しないので、誰も何も返せないのだ。すると、某選手がやっと口を開いた。

「あのな……」

「はい!?」

好意的ではない言葉を投げかけてくる。そんな気配が明らかだった。

「きょうな……」

「はい……」

「入門テストの日と違うぞ」

一瞬、意味がわからなかった。しかし、それもすぐにわかった。オレは、泣きたくなってしまった。怖かったとかビビッたとかではない。どうして出たくもない団体に来て、こんな意地悪を言われなくてはならないのだろうか、と。悲しすぎた。

控室へ戻ると半蔵選手が帰ってきており、いま起きたことを話すと「だから言ったじゃんか」と、どこまでもあっけらかんとしていた。さて、日本人控室へいかなくては……。

扉をノックしてみたが返事はない。中は相当騒がしかったので聞こえないのだろうと判断し「失礼します！」と、意を決して大きな声を出して扉を開いた。するとライガーさんがすぐさまオレを見つけ「どうした？」と声をかけてきた。

「あの……橋本さんに用事があるんですけど」

「そうか、なんでも困ったことがあったら俺に言えよ。お前らを他団体から呼んだ責任者は俺なんだから。おーい！」

橋本さんを呼んでくれた。

「なんだ？」

「あの……小鹿さんがこれを」

「ん？」

その場で封を切り、手紙を一読した橋本さんはただ一言「わかった」とだけ返事をした。これが、オレの人生における橋本さんと交わした唯一の会話となる。

その日、オレはスコルピオJr.に勝利したものの、精神的疲労と会場内の異様な暑さで、どうしようもなくショッぱい試合をしてしまった。

日本人控室の前で記者たちに囲まれた。その中にはテレビ朝日のカメラもあった。アナウンサーが「試合を終えていかがですか？」とマイクを向けてきた。オレは、正直に言うことにした。

「ここまで精神的に参ってしまうとは、自分はなんて弱いのだろう」と。

しかし、その真意を伝えるためには、きょう一日に起きたことを洗いざらい話さねばならず、かといってそんな気弱なことを口にするわけにもいかず、ではどうしたものかと。オレは、曖昧《あいまい》な言葉の羅列をタラタラと続けた。

すると、背後でドーン！　と、ものすごい音が響いたのだ。音源は日本人控室の扉だった。続けて、中からこちらへ向けられた怒声。

「そんなとこでくっちゃべってんじゃねえぞ！　邪魔なんだよ！」

間違いなく、某選手の声だった。マスコミは一斉に退散した。オレもその場から逃げ出した。心の底から、再び悲しみを湧き上がらせながら。

と……そんなカンジだった1997年の新日本プロレス。このシリーズではその後も何度も何度も悲しい気持ちに襲われるのだが、それについてはまたいつか第2弾として書き連ねることもあるかと。

あれから26年。新日本は、かなり早い時点から当時のような団体では絶対にない。そこは一応念入りに断りを入れておく。

昨夜も、九州プロレスの寮で野崎広大選手と飲んだくれた。

「昔の新日本て怖かったんですか？」

彼のそんな質問に、オレは今回書いた内容のお話を披露した次第。

真壁刀義に言われた「出て行ってもらえますか」

【1997年……あのころの新日本プロレス：その2】

その年のスーパーJr.に、オレは大日本との掛け持ちで参戦した。当時はインディーとはいえ、大日本でも一シリーズに最低10試合は開催しており、「まだまだプロレスが良かった」ころ。大日本の日程の合間に新日本へ。それが終わったら再び大日本へ、と。その月は連戦に継ぐ連戦でトータル25試合はこなしたのではなかったか。

群馬県桐生市でのスーパーJr.開幕戦を終えた翌々日だったか。大日本のシリーズが滋賀県かどこかから始まった。昼興行。その日の夕方、オレは三重県津市へ移動した。同日、新日本は津の大きな体育館で大会を行っており、翌日からは数日間ツアーに同行するので津まで来ておくよう指示されていたのだ。

で、津までは小鹿さんも一緒だった。どうして一緒だったのかというと、たまたま営業か何かがあったからである。移動の電車の中、小鹿さんは上機嫌だった。

「タズルぅ！　新日本のように大きな団体に出れて、いい経験になるしうれしいだろう！」

「なに言ってんだ！　出してくれなんて誰が頼んだんだよ！」なんて本心を語れるはずもなく、「そうですね……」と暗い顔で答えるしかなかった。

津に到着すると、まだ興行が行われている時間だったので体育館へ顔を出してみた。控室へ行くのはイヤだったので、「会場全景を見たいです」と小鹿さんには適当なことを言い、二人で2階席から観戦した。その日の大日本は2000人も入っていなかったのだが、新日本には2000人は入っていたのではあるまいか。

「タズルぅ、うちらも負けてられないだにぃ！」

と小鹿さんは鼻息が荒かったが、明日から地獄の日々が始まることを思うと、オレにはそんなこと心底どうでもよかった。


大会終了後、小鹿さんがメシを食おうと言う。大盤振る舞いで焼肉屋へ連れていってくれた。

「おら、こうして牛タンにはニンニクをたっぷり乗せるとうまいんだにぃ！食え、うめえどおー！」

小鹿さんと一緒にメシを食うと、こちらの嗜好にそぐわないことを必ず何か仕出かしてくる。初めて大日本の道場でちゃんこを食ったときにも、「こうしてちゃんこをメシにブッかけるとうめえんだどお！」と、見た目も汚らしいネコまんまなんぞにしくさりやがった。

で、この日。オレはニンニク臭くなりたくなかった。なにしろ明日から何が起きるかわからないのだ。もしも例のおっかない某選手に、「お前ニンニク臭えぞ、オラァー！」なんて怒鳴られたらどうしてくれるというのだ。

あまり食いたくなかったのでそこそこにメシを終え、オレは新日本が用意したホテルに、小鹿さんは自分で予約したホテルへと別れていった。明日からは新日本のバスに乗り、地獄のツアー本格スタートである。


翌日、昼前。ロビーに降りていくと、すでに多くの選手や関係者がうろうろしていた。オレは早くガイジン用バスに逃げ込みたかったのだが、関係者がやってきて、「タジリ選手は日本人バスに乗ってください」と言うではないか。

「え？　他団体からきた選手はガイジン用バスじゃないんですか!?」

「みちのくの二人はそうなんですけど、タジリ選手は経験のため、日本人所属と同じ扱いにしてくれと小鹿社長から要望があったそうです」

あのクソジジい！　余計なことばっかしやがってえええ！

当時、大日本には団体のジャージすらなかった。なので下はジーパンで上は普通のTシャツという一般人スタイルで、また何か言われやしないかとビクビクしながら日本人バスに乗り込む。

すでに多くの選手が着席していた。先頭には長州さんと武藤さんが座っていたような気がする。で……どこに座ったらいいのだろう？　見ると、ヤングライオン（新日本の若手たち）は後方に固まっているようだったが、誰も何も教えてはくれない。最後列が空いていたのでコソコソと奥へ進むと、前から5列目あたりに陣取っていたライガーさんが、「俺の横空いてるから来いよ！」と声をかけてきた。

「いえ、いいです！　後ろに行きますんで！」

「いいから座れ！　遠慮するな！」

いや、遠慮なんかしてませんから！　と心の声で叫びつつ言われるがまま着席すると、前にはおっかない某選手、通路を挟んだ向こうには飯塚さん、後ろには誰がいたのか振り返る余裕すらなかった。
「昼飯食ったか?」
ライガーさんにそう聞かれて、食ってはいなかったが「いただきました!」と答えた。もしも「急いで何か買ってこいよ!」などと言われたら、エッれえことになってしまう。

そんなこんなでバスは出発。前方に大きなテレビが備え付けられており、深夜放送のお笑い番組が流れ始めた。「あなたの周りにもこんな女いるでしょ」みたいなコント。しかし、能天気にそんなものを見る気にはとうていなれない。ときどきライガーさんが大笑いして、「いるよな、こういう女!アハハ!」と気を使ってくれるのだが、そのつど、つくり笑顔を急造せねばならず、実に苦しいバス移動となった。

会場到着。ガイジン用バスはまだ到着していない。オレはライガーさんに日本人用控室へ入るよう指示された。まだまだ続く針のむしろ。日本人選手は全員すぐさま練習着に着替え、ぞろぞろと控室から出て行った。

しかし、オレはどうしたらいいのだろう？　そこまで一緒でなくてはならないのだろうか？　ライガーさんの姿はもう見えない。

とりあえず運動着に着替え、扉の隙間から会場の様子を窺《うかが》うと、全員練習を開始してしまった。もういまさら入っていけないやつ。あとで怒られやしないだろうか？　もうどうしたらいいんだよおおお！　と叫び出したい。

するとガイジンバスが到着したらしく、通路の奥からにぎやかな英語が聞こえてきた。ガイジンたちが笑いながら控室へ入っていく。それは、半外資系団体だったＩＷＡジャパンから派生し、メキシコを経由してきたオレにとって「ごく当然」のプロレスにおける光景だった。いまはもはや、刑務所の中からそんな日常の光景を眺めているような気持ち。

ガイジン控室から、勝手知ったるドクトル・ワグナーJr.が出てきた。

「タジリは日本人バスで移動しているのか?」

「そうだよ、なんとかガイジンバスに移るよう手配できないかな?」

日本人のくせに、メキシカンにいったい何を頼んでいるというのか。そのままフラリとアリーナ内に入っていくワグナーのあとをオレは追った。一人でいることが心細かった。


リング上では合同練習が進行している。その光景を遠くで眺めながら、オレはワグナーと世間話を続けた。すると……。合同練習がピタリと止まったのだ。どうしたのだろう?

指揮を執《と》っている例のおっかない某選手が、唯一の練習生である当時の真壁選手に何か話しかけている。ときどきこっちを指さしながら……なんなのだろう……次の瞬間、信じられないことが起きた。

真壁選手が、オレに向かってリングの上から叫んだのだ。

「……すみませーん!」

「はい!?」

離れた距離を置いて交わされる二人の会話に、会場内の誰もの視線が注がれている。

「すみませーん……練習しない人は出て行ってもらえますか？」

「……はあ？」

何を言われたのかわからなかった。すると、真壁選手はもう一度叫んだ。

「練習しない人は出て行ってもらえますか！」

「……」

ただ、ただ、悲しく、返す言葉など持ち合わせていなかった。ワグナーは頭の上に「？」マークを浮かべて、水の底に沈んでいくようなオレの顔を凝視している。某選手が叫んだ。

「早く出てけ！　目ざわりなんだよ！」

オレはそれには何も答えず、扉を叩きつけるように会場から出て行った。

こんなとこ、来たくて来てんじゃねえんだぞ！　それでも何も言い返すことができないオレの、せめてもの反抗だった。帰るか、もう……。

しかし当然、帰るなんてことができるはずもなく。その日は誰と闘ったのかすら覚えてはいない。


そして、この日から7年ほどが過ぎたある日のこと。オレはすでにWWEに入団し、4年目に突入というころだったか。当時、オレが住んでいたロサンゼルスにあった猪木道場に、真壁選手が修行に来たのだ。

どういういきさつだったかは忘れたが、とにかく真壁選手と日本人街で酒を飲もうということになり、オレたちは7年ぶりに再会した。

そしてグラスを合わせるなり、真壁選手は頭を下げていきなりこう切り出してきたのだ。

「タジリさん、俺はずっと謝りたかったことがある！」

一瞬でピンときた。

「まだ俺が練習生だったとき、どこかの会場で『出て行ってください』なんてむちゃくちゃ失礼なことをリング上から叫んだの覚えてないですか!?」

もちろん忘れるはずもないのだが、「ああ……そんなこともありましたね！」と、オレは、さもたったいま思い出したようなフリをした。

「俺だって、あんなこと言いたくなかったんですよ、もちろん。だけど、あの某がどうしても言え！　って……ずっと謝りたかったんですよ。あのときは本当にすみませんでした！」

7年前のあのときの真壁選手の様子から、きっとそうであろうことはわかっていた。そして当の某選手は、すでにとっくにこの業界にはいない。

話は1997年に戻る。試合を終え、ホテルに入ったオレは、もう本当に途中でボイコットしてしまおうかと考え始めていた。すると、部屋の電話が鳴った。ライガーさんからだった。

「何か困ったこととかないか？」

「はい、全然大丈夫です！　ありがとうございます！」

「そうか！　それとさ、明日の試合終わったら、ガイジンも含めてJr.の全員で焼肉いくから、あけといてな！」

「はい、了解いたしました、ありがとうございます！」

「じゃ、また明日な」

これでは、ボイコットなどできるはずがないではないか。再び電話が鳴った。今度は小鹿さんからだった。ちなみに当時はまだ贅沢品だった携帯電話なんて、貧乏大日本所属だったオレが持っているはずもなく。

「タズルぅ、きょうはどうだったかにい？」

受話器を叩きつけたいのを必死にこらえ、「まああです」なんて当たり障《さわ》りのない返事をした。そして、小鹿さんはこう続けた。

「あとなあ、永島に言っといたから」

「何をですか？」

「明日からお前も合同練習に参加できるようにさ」

「はあああ!?」

「よかっただにい！　では、引き続き頑張るだにい！」

このクソジジい！　本当はオレを苦しめたいんじゃないのか!?　本気で殺意を抱いた夜。27歳のＴＡＪＩＲＩの苦しい日々はまだまだ続く。

「某選手」に投げかけられた強烈な一撃

【1997年……あのころの新日本プロレス：その3】

その翌日。確か長野ではなかっただろうか。当時はまだハンサム全開のさわやかレスラーだった飯塚さんから、試合前の合同練習に参加するよう言い渡された。あわよくばスッとぼけて参加しない道も模索していたのだが、その望みは完全に断たれた。

いったいどんなことをするのだろう？　先にリングに入って待っていればいいのだろうか？

何をどうしていいのかわからず、リングサイドでオロオロしていると、東京ドームで対戦し、オレとは一種特別な関係にあるとお互い認知していたであろう大谷選手が、「タジリさん、上がりましょうか」と声をかけてくれた。

「大谷さん、どんなことするんですかね？」

「基本的なことだけだから、心配ないですよ」


はたして、大ベテランや本隊以外の選手を除く全選手がリングに集結し、合同練習が始まった。指揮を執るのは、例のおっかない某選手である。

スクワット、プッシュアップ、腹筋、ブリッジ……大谷さんの言葉通り、本当に基本的なことを順繰りに消化していく。回数はそこそこなすのだが、普段、大日本の道場でおこなっていることもまんざらではなかったようで、後《おく》れをとることもなく、特にきついと感じることもなく、

「なんだ、オレも意外と負けてないじゃないか！」

そんな気持ちでいたのだが……、ブリッジのときだった。当時のオレは異様に柔軟で、それこそ中国雑技団並みのブリッジというか、普通はブリッジ

1997年5月、新日本スーパーjr.にて、大谷選手との試合。(©東京スポーツイメージズ)

といえば体が「へ」の字の状態になる程度だが、オレは完全に「〇」になれるほど柔軟だった。それを披露すると、「ほお……！」と驚きの声が一斉に上がった。そのときだった。

「そうじゃねえんだよ！」

某選手が、そうではない！ と完全否定してきたのだ。

「これはな、首を鍛えるためにやるものなんだよ！ お前のそれじゃ、ただの柔軟体操だろ！ あとな、スクワットも腕立ても、お前のはなんか全部違うんだよ！」

泣きたくなった。いまにして思えば確かに仰《おっしゃ》る通りではあったのかもしれないが、せっかく意気が上がってきた矢先の「冷水ブッかけられ」である。

そして某選手は突然、大きな声で「やめろ！」と叫んだ。しかし、それはオレに対してではなく、リングサイドで一人スクワットをしていた小原選手に対してだった。

「小原！　そんなチンタラやるくらいなら、いっそのことやめちまえ！」

オレはもうどこで誰に何が起きているのかワケがわからず、パニックに陥りそうだったが、それでもなんとか合同練習は終了。最後に皆で正座して、練習生の真壁選手が号令をかけた。

「本日の準備運動終わります、礼！」

準備運動!?　普段から本当にこの程度は準備運動でしかないのか。あるいは他団体から参加してきたオレを意識して、あえてそういう言い方をさせていたのかはわからない。そして、まだ全員が正座した状態のまま、某選手がオレを指さし、

「あー、きょうからタジリも参加したから。このシリーズはずっと加わるので、よく面倒見てやるように」

と、初めてオレを認識してくれたらしいうれしさのようなものと、しかし「これ以上深入りしたくない」という気持ちがごちゃまぜになり、なんとも居心地の悪いイヤな感じであった。

　その日の大会を終え、ホテル近くの焼肉屋へ。ライガーさんの主催で、スーパーJr.参加全選手での宴がおこなわれた。オレはまだ緊張の糸がほどけることはない状態のまま、宴席に加わった。

　ガイジンたちは日に日に打ち解け合い、新日本という組織自体にも馴染《なじ》んでいっているようで、和気あいあいとにぎやかなことこのうえない。暗い顔をしているのなんてオレ一人……もう一人いた。愚乱浪花選手である。この日の試合前には、合同練習でしごかれているオレの姿を遠くから見ていたらしく、

「タジリさんだけ参加して、ボクがやらなかったら怒られますかね!?」

と、合同練習が終了するなり泣きそうな顔でオレのもとへスッ飛んできていた。

「いや浪花さん、ボクは小鹿が無理やり参加させてるだけだから、大丈夫ですよ」

そう説明したのだが、いきなり苦しそうに腹部を抑え、
「ううっ……。考えただけで胃に穴が開いたかもしれん！」
と。しかしそこには半分冗談をかましている（？）余裕も感じられて、これはきっと新日本に馴染むとしたらオレよりも彼のほうが早いな――そんな気もした。そして実際、その通りだった。

焼肉屋で、最初は二人して暗い顔で隅のほうに座っていたのだが、酔いが回った浪花選手はいつの間にやら他の選手らに合流し、気が付くとすっかり打ち解け合い、大谷さんや金本さんらとすらバカ話からの大笑いをし合っていたのだ。オレは完全に一人取り残されてしまった。

少しも楽しくない宴が終わり、ホテルへ戻ってきた。大きく息を吐く。胃に穴が開きそうなのはオレであった。

そうだ、水がなかった。コンビニへ買いに行くか。オレは静かにドアを開け、廊下に誰もいないことを確認し、足音を立てないようコソコソとエレベ

ーターへ向かった。と……下の階へのボタンを押すよりも早くに、エレベーターが動いたのだ。

2……3……4……まさか誰かがこの階へ向かって来ているのでは？　チーン……。扉が開き、オレはその場に尻もちをつきそうになってしまった。あろうことか、某選手だったのだ。慌てて言葉を探し、

「お……おつかれ……はまです！」

と辛《かろ》うじて口にしたのだが、あまりの動揺っぷりに某選手は、

「大丈夫か？」

と、なんとも捉えようもない言葉を投げかけてくる。

「だ、だいじょうぶ……れす！」

全然大丈夫ではなかった……早く帰りたい！

そんなこんなで少しも馴染むことなく、それでもなんとかシリーズ終盤までこぎつけた。ある日の合同練習のあと、最後に全員で正座していると、某

選手がこんなことを伝達した。

「明日は小田原アリーナでジムがあるから。合同練習はやらないから」

やった！　翌日は確か名古屋あたりからバスではなく新幹線での移動だった。

まずはホテルのロビーに降りると、当時まだデビューしたばかりの吉江豊選手と二人でタクシーに乗り、駅まで向かうことになった。吉江選手は（アニマル）浜口ジムの先輩である。なので共通の話題で盛り上がり、「新日本にもこんないい人いるじゃないか」と怖い人ばかりではないことがわかり、全身の細胞が多少は緩んだような気がした。

そして、駅に着いてスタッフの人から受け取ったチケットはグリーン車。大日本では、シリーズの移動で新幹線に乗るなんてことすらあり得ない。

で、果たして誰と隣り合わせになるのだろうか。もしも某選手だったら……との心配も取り越し苦労に終わり、隣に座ったのは高岩選手だった。特に何か話したような記憶もないのだが、おそらく名古屋から小田原に着く間に駅弁を2つたいらげていたのには「1つ800円はする駅弁を2つも買えるなんて、新日本のレスラーは金持ちだなあ」と、さすがは貧乏大日本所属らしい衝撃を受けたものである。

小田原アリーナに到着。合同練習がないので、何をしていても自由である。それでも長いことバーベルを握っていなかったので、腕立てなどの自重運動では負荷を与えられない背中を鍛えたかった。なのでジムへ向かったのだが……某選手がいた、一人きりで。とんでもない重量のベンチプレスを「うおあああ！」と怪獣の雄叫《おたけ》びを張り上げ何発も挙げていた。オレは気付かれないよう身をかがめ忍者のようにすり足で後退し、ひっそりとその場をあとにした。

その日が最後の公式戦。オレは、中島半蔵選手に敗れた。あとは数日後に最終戦の日本武道館でリーグ戦敗退者による10人タッグをこなせばおしまいである。やれやれ。帰りの電車。東海道線で大日本道場のある横浜へ帰ったさいの解放感は、いまでも忘れることはない。

そして、日本武道館での最終戦を終えた。もうこの団体とかかわらなくていい！　インディー小僧のくせに、なんて贅沢な苦悩だったことか。

しかし、試練はこれで終わらなかった。それから2週間ほどのち。大日本の旗揚げ何周年（年数忘れた）記念興行横浜文化体育館大会で、大谷さんと組み、ライガーさん＆エル・サムライ組と対戦することが決まっていたのだが……その試合中、とんでもない事件が起きてしまうのだ。

イラつくライガーが「こいつ潰すぞ！」

【１９９７年……あのころの新日本プロレスその４（最終話）】

最終話は、強烈なエピソードをいくつか初公開する。

スーパーJr.が終わり、一息つく間もなく大日本プロレスのビッグマッチが開催された。会場は横浜文化体育館。オレに用意されたカードは、前述のタッグマッチだった。

そのころ、大日本プロレスには試合前に合同練習をするという習慣がなかった。そもそもインディー団体というもの、試合前は会場設営やら売店の手伝いやらで、選手だろうと誰だろうと忙しいことこのうえない。なので、アップも各自適当。そんな感じ。しかし、それでは新日本から来る選手たちにバカにされるというかナメられるような気がした。なので、若手の中ではリーダー的存在だった山川竜司に進言した。

「ナメられないように、うちらも合同練習しようぜ。さも以前からしてるかのように」

「いいねえ、やるかい！」

というわけで、若手全員、超特急で雑務を終わらせ、皆で輪になりスクワット、プッシュアップ、腹筋などをこなしているところに丁度タイミングよく、割と早い時間にまずはライガーさんが到着した。気合を入れて稽古する我々を見て、

「お、いいねえ！」

と、嬉しそうな顔。そんな我々を眺めながら、ライガーさん自身は舞台の横の階段でずっと踏み台昇降運動に汗を流していた。

初めて試合前の合同練習というものを終えた皆も、「なんかこういうのはプロレスっぽくていい」と、その後も継続しておこなうことになった。とりあえず、タジリのスーパーJr.参戦効果といったところか。

大谷さんとサムライ選手は、開場2時間ほど前にやってきた。広い会場をうっすらと埋め尽くすほどに、そこそこの入《い》りだった横浜文化体育館。まだ当時はプロレスであれば、どんな大会でも会場キャパの7割は動員できた古きよき時代だ。

オレの試合はセミファイナルだったか。ちなみにこの日までに、大谷さんとはシングルを二度。サムライ選手とは一度。ライガーさんにいたっては、この試合が完全なる初対戦だった。

ゴングが鳴る。序盤はいわゆるチェーンレスリング（腕や足の取り合いなどから始まる攻防の連鎖）に終始した。開始数分まではまだよかった。両チームとも、お互い何度かタッチを交わし、4人がまんべんなく触れ合った。それが何度目かに突入したころ。

オレは、持ち玉が尽きてしまった。当時身に備わっていた、チェーンレスリングに用いるすべての技を使い果たしてしまったのである。どうしよう？　大技を繰り出すしかなかった。しかし、当時もいまも、オレの体は大きくはない。なので、相手を抱えて投げるような力技は一切用いない。それはいまに至っても変わらない。

当時、そんなオレにとっての大技とは、日本では珍しいメキシコ式複合関節技であった。なので、それを繰り出した。しかし、それを序盤で用いるのは、本来であれば早すぎる。なぜなら、試合の流れが止まってしまうからだ。いまにして思うと、序盤の持ち弾が尽きたあたりでオレが感情剝き出しにガンガン打撃を仕掛けてくるものと、ライガーさんはそう考えていたような気がする。

で、オレがリングに入るたび、試合の流れが止まる展開になってしまった。ライガーさんは、明らかにイラつき始めていた。そして、オレがサムライ選手にメキシコ式複合関節技をかけているとき、事件は起きた。

技を仕掛けたまま動かないオレの顔面を、ライガーさんがボールを蹴るように蹴とばしたのだ。吹っ飛んだオレを追いかけてきて、ブ厚い靴底で何度も何度も顔面を踏みつけてくる。ライガーさんは怒り心頭でコーナーへ戻ると、ダメージを負ったオレを捕獲したサムライ選手にタッチを求めた。そして、二人がタッチする瞬間、オレははっきりと聞いた。

「こいつ潰すぞ！」

「え、本当にやるの!?」

二人の声を耳にして、とんでもないことになってしまったと思った。殺《や》られるとか殺られないとか、そんなことはどうでもよかった。そうではなく、新日本というメジャー団体からこんな弱小インディーにやってきた超大物がお怒りになられてしまったのである……オレのせいで！

引き続きライガーさんにメタクソにやられているさなか、オレはこんなことを心の内で叫んでいた。

「だから新日本になんか絡みたくなかったんだ！」

これが、1997年の新日本プロレスであった。そして、当時のオレには頑としたポリシーがあった。「ガンガンいけよ！」の一言に代表される当時の新日本のいわゆる「若手らしいスタイル」。オレは、そんなものは決してやりたくなかった。そんな試合は死んでもやりたくなかったのだ。

なぜか？　彼らと同じになりたくなかったのである。

「若手らしい試合」などという十把《じっぱ》ひとからげなスタイルに同化してしまったら、何の個性もない影と同じになってしまうと考えていたのだ。そんなガンガンくることしか能のない連中を、卓越したテクニックで完封する。しかも、誰もが飛び技ばかりに走りがちなメキシコのルチャリブレにおいて、ほとんど注目されることのなかった複合関節技で。

なので、ガンガン仕掛けてくるライガーさんに対し、そんな自分のポリシーを守りつつ、しかし身を守るために、こういう場合はどうすればいいのか？　すぐには結論が出ないそんなことを考えているうち、一方的にやられまくる展開になってしまった。

そのうちライガーさんは、猛禽類《もうきんるい》の爪のように折り曲げた親指をオレの眼《がん》窩《か》に突っ込んでもきた。それは記者やカメラマンも唖然《あぜん》とするほどの衝撃的なシーンだったらしく、この試合が掲載された『週刊プロレス』の記事にもしっかりと記述されている。

結局、試合は、サムライ選手が15分ほどでオレをフォールした。その瞬間、スーパーJr.開幕戦から始まった「イヤでイヤで仕方がなかった」オレの新日本での長い旅が、やっと終着駅に到達したのだった。

試合後。ライガーさんとサムライ選手の控室へ顔を出すのは気が重かった。しかし、超大物の二人に来ていただいておきながら、スッとぼけることもできない。怒ってるのかなあ……ところが、ライガーさんは少しも怒ってなどいなかった。開口一番、

「タジリくんの試合、ずっとジュニア（スーパーJr.）で見てたけど、もっとガンガン来れるようにならないと！　だから、きょうはああやった！」

サムライ選手は感情に起伏がない人なので「ありがと」と、ただそれだけであった。

いまオレは、こう思う。１９９７年の新日本プロレスは、間違いなく当時

のプロレス業界最大手だった（いまも）。それは傍《はた》から見てもそうだったし、内部にいた選手関係者の意識も「新日本プロレスがすべてにおいて一番である」だったのだ、と。なので、こういう事件が起きたのだと。

それから数日後。小鹿のおとっつあんから、

「タズルぅ、話がある」

と、呼び出しを受けた。

「なんでしょう？」

「うん、あのな……」

オレの様子を窺いながら言葉を選んでいる。絶対に新日本絡みのような気がした。

「永島がますますお前を気に入ったらしくてな。次は対ヘビー級が見てみたいと。平成維新軍の誰かと抗争するなんてのはどうかと言ってきたんだが……もちろん、お前もやってみたいだろうにぃ!?」

オレは、即答した

「イヤです」

「なぜだにい!?」

小鹿さんも即答だった。オレは、新日本に対する自分の心情を隠すことなく小鹿さんに伝えた。すると、

「残念だが、そこまで言うなら仕方がないだにい……すかす（＝しかし）……もってえねえ話だと思うけどなあ……」

と、頭の上に浮かんでいたのであろう捕らぬ狸《たぬき》の皮算用なプランを、名残惜しそうに見上げているような気がした。

しかし、その後も永島さんからのオファーはあとを絶たず。これは確かtwitter（現X）にも書いた記憶があるので書いてしまうが、アントニオ猪木さんの引退試合の東京ドーム大会への参戦オファーもいただいていた。もしも参戦していたら、相手は金本さんだった。

そして、その試合は正式にお断りしたから流れたわけではなく、実は小鹿さんから新日本へ返事をする以前に、オレは大日本を無断で飛び出し、メキシコへ渡ってしまったのである。猪木さんの引退だろうと、東京ドームだろうと、それほどまでに日本のメジャーで闘うことに興味も意欲もなかったのだ。あとのことなんか知ったことか。そんなつもりでメキシコへ渡っていった。当時のオレには、骨の髄《ずい》までルチャリブレしかなかったのである。

それから月日が流れ……あのころとはガラリ変わった新日本プロレスのリングに再びオレが上がることになるのは、2009年のG1クライマックス。1997年から12年後のことであった。

（note再掲載、以上）

こうして、オレが海外を放浪している間に新日本プロレスは、いや、最大手の影響を受けて日本のプロレス界は、大きな変貌を果たしていたのであった。

プロレスも一般社会もフラットになってしまった

さて、ここまでは業界内でのメジャーとインディーの区分けに関する話。肝心なのはここからだ。先述したように、新日本の熊本大会を観戦したオレは、あることに衝撃を受けてしまった。現在進行形の新日本プロレスを見て、もっとも印象深かったこと。

それは、本間（朋晃《ともあき》）の試合でのことだった。彼の出番のさい、あることに気が付いたのだ。本間の動きは、これまでの激闘の数々で蓄積したダメージからか、いまやかなりぎこちない。そんな彼の動きに対し、昔のプロレスであれば「本間、大丈夫かあーッ！」的な揶揄《やゆ》が飛んでもおかしくはないところである。しかし……飛ばなかったのだ。一切の揶揄も、野次も。それは本間の試合にかぎったことではなく、大会を通して、とうとう一度も飛ばなかったのだ。

しかしよく考えてみれば、オレが全日本に在籍していたころからそうだったのかもしれない。いや、もっともっと前から。いつのころからか、プロレス会場で、そんなものが飛ぶことはなくなっていたのだ。それはオレにとって大きな衝撃だった。かつて誰かが、

「プロレスは世相を反映する鏡」

という言葉を残したが、ああ、それはこういうことなんだなと。

この言葉ばかり用いてしまうが、それがいいとか悪いとかを言いたいのではない。いまや世の中もプロレスも、そういう方向へ向かって行っているということなのである。すべてはどんどん変わっていくのだ。きっと先を行くものほど、そんな変化を遂げるのも早いような気がする。つまり、

世の中がフラットであることをよしとする方向へ向かっている

ということなのだ。そのためには野次も揶揄も、批判も比喩も、「差別化」に向かって行きそうな何かが存在してはいけない世の中に向かって行っているような気がするのだ。

その一方で、称賛はよしとされる。そうすると、対立は生まれにくいというか、対立を煽《あお》る者は排除されやすい。ましてそれを楽しむことなど、あってはならないと捉えられる可能性がある。それは、プロレスにとっていいことなのかどうか。

皆さんは、いまのプロレスにも対立はあると思われるだろう。確かにある。しかし、昔のそれと比べたら、対立のうちになんて入らないとオレは思う。繰り返すが、それがいいとか悪いということを言っているのではない。プロレスだけではなく、もはや世の中全体が変わったのだ。

野次ったり、違いを指摘してはいけない——こんな部分でも、プロレスとは世相を反映する鏡であると感じたのだ。

それが2024年の現在、メジャーとインディーという言葉からオレの頭に浮かぶイメージなのである。

第3章

技術論

プロレスラーの土台となるもの

「基礎体力」と「表現の仕方」を同時に鍛える

道場での新人レスラー指導。その教え方は人それぞれ、千差万別である。とにかく体力をつけること重視だったり、受け身重視だったり。派手なムーブを最重要視する指導者もきっといることだろう。

それらはどれも、プロレスラーを志す者にとって必要なことである。指導者によって、その比重と教える順番が異なったりはするのだが、オレの場合、どれもバランスよく、一日の稽古が終わるころには結果的にすべてこなしていた、となるような教え方をしている。

例えば、受け身をとっている最中に、「楽しそうにやってみて」「悲しそうにやってみて」と注文を出してみることがある。そうすれば、「基礎体力」と「表現の仕方」を同時に稽古できてしまうからだ。

どれか一つに絞らないと、新人は集中できないと思われるだろうか。その通りである。逆に、そこが狙いなのだ。二つのことを同時にこなすには、集中力とメンタル調整の技術が必要不可欠。それを養う意味合いもある。しかし、そういうことが最後まで苦手なままの選手はけっこう多い。なので新人のころから、すべての複合ミックス作業を無意識にこなせる領域まで、自分を持っていかせるのが狙いなのだ。

一方、技術的なことも肝心である。だが、ここで言う技術とは、派手な技や複雑な攻防など、そういった類のものではない。オレは基本的にそういったことに稽古の時間を一切割かない。プロレスが好きで好きで仕方がないなら、派手な技なんて見よう見まねで勝手に覚えてしまうし、複雑な攻防も自分でどんどん開発していってしまうものだからである。

ただし、これは基本の原理とコツを理解し身に付けたうえでの話であり、オレは常にそんな最低ライン以上の話をしている。

派手な技や複雑な攻防は、見よう見まねから入っていっても充分。オレはそう考えている。実際、レスラーが駆使するそういったもののほとんどは見よう見まねであり、時にはぶっつけ本番から入っている。そんなものである。しかし繰り返すが、それは基本の原理とコツを理解し、身に付けているうえでの話である。

初期段階でロックアップに始まり、ヘッドロック、腕の取り方、足の取り方、ボディスラム、ヒップトス、ショルダースルー、首投げ、アームドラッグなど、しつこいようだが、基本的な技の原理とコツを理解し、身に付けたうえでの話。それを抜きにして先へ進むことは、絶対にあってはならない。たとえそこが欠けたまま派手なことができたところで、そんなものは砂上の楼閣《ろうかく》、あるいはアマチュアかシロートである。

といった一連の理由から、プロとシロートはどこが違うのかが判明してくる。

それは、基本。しっかりとした基本の原理とコツを身に付けたうえで、初めてその先にある派手な技や攻防を綺麗に、華麗に、力強く、強烈なインパクトで披露できるのである。

しかし基本の、さらにさらに根っこの部分。基本技に入る前のさらに根っこ。プロレスラーとしての根本的土台、それこそが本当の基本であるとオレは考える。

では、その土台を構成する要素とは何か。

オレが稽古で最重要視し、最も時間を割くのは、それらの要素を徹底的に磨くことなのだ。基本技自体ではなく、それを繰り出すためのさらに土台となる基礎構築なのである。

ただし、こうしたオレの方針は、誰に対しても有効かというと、決してそんなことはない。人間には、向き不向きや相性というものがあるからだ。あくまでも、あることに興味を持っていただくための機会として、「こんな方法もあるよ」ということを、オレは紹介しようとしているにすぎない。その「あること」は、あとで書く。

一般人とかけ離れたキャラクターであれ

さて、土台の基礎構築だ。それは「お願いします」とリングに上がった瞬間から、「気を抜いた素の自分を一切さらけ出さない」という作業から始まる。日常生活を送るモードの自分から、リングの上に立つにふさわしい自分へ、それがどんな自分なのかを考えて、そのモードへと変身することから始まるのである。

そんな意識を持つだけで、目付き、顔付き、背中の曲げ具合、正面に対し向き合う角度、足幅などが変わってくるし、ただ立っているだけでも戦闘的だったり、妖《あや》しかったり、何を考えているかわからないといったキャラクター的雰囲気までもがにじみ始めてくるのだ。

この意識を持ち続けて毎日の稽古に取り組むか否かで、雰囲気を醸し出す能力やキャラクター構築力などが、ゆくゆくは大きな差となって開いてくる。キャラクターに関していえば、突発的に起きた不測の事態をきっかけに、ある日とつぜん花開くケースもあるのだが、それはかなりレアなことだし、またそういったことがたまたま起きたさいの対応能力はあるにこしたことはないので、オレ的には普段の稽古から常にそういうことを意識してもらえるように伝えている。

もっと根本的なことを掘り下げてみる。どうしてそのような意識が必要なのか？　それは、

「日常生活モードでリングに上がっているような人間に、お客さんはお金を払う意義を感じない」

からである。

例えば、リング上でタイトルマッチの認定証を読み上げる一般のかたの姿に、お金を払いたくなるだろうか。お客さんが見たいのは、一般人とかけ離れたスペ

シャルなキャラクターである。プロレスの稽古とは、いかにしてあらゆることをスペシャルへと進化させていくか、その過程を積み上げていく作業だと言い換えることもできると思うのだ。

それを欠いたまま、ただ技が巧くできます、派手な攻防ができますと、そんなものを見せられたところで、それは一般人がプロレスをしていますというレベルのものでしかないとオレは思う。

このように稽古でリングに上がり、まだ動き始める前ですら、まだすべて書き尽くしたわけでもないのだが、これだけ多くの文字数を要するほどの大事なことが隠されているのである。

デカい選手の速い動きはデカさという武器を殺す

では、実際に動き始めてみる。

動き――最も大事なことの一つはバランスだ。これは特に重要視している。技に限らず、プロレスはとにかく、

「美しく」あらねばならない

というのがオレの信念の一つである。バランスが悪い。土台がグラグラしている。それでは美しく技を決めることはできない。

またも繰り返すが、ただ技や攻防を繰り出すのであれば、シロートにだってできる。それを、お金を払ってでも観る価値のあるものに仕上げるための大きな要素の一つが、バランスなのだ。

ただし、綺麗な動きをしないほうがいいタイプの選手もいる。これまで教えてきた中では、全日本プロレスの斉藤兄弟がそのタイプだとオレは思うし、彼らの入門当初から、「他の選手と同じような、美しい動きをしようとする必要はない

のでは」と言い続けてきた。

その理由の一つ、彼らはデカいからである（兄・斉藤ジュン：193センチ、116キロ／弟・レイ：192センチ、145キロ）。極端な話だが、例えばゴジラが綺麗な歩き方をしていたら、不似合いだと思うのだ。あるいは、ゴジラがお城を綺麗に解体していたら、怖そうに見えないと思うのだ。荒々しく、乱雑にメチャクチャに破壊してこそのゴジラである。

さらに彼らのビジュアル。実にワイルドである。荒々しいほうが、断然、魅力が引き立つ、と。弟のレイのスプラッシュなんて、フォームが荒いからこそ、天井の梁《はり》に隠れていた熊が落ちてきたような、いまどきのプロレスにはない迫力が出るのだ。そういった例外もある。

余談だがオレは、デカい選手は速く動かないほうがいい、とも教えている。一試合に1度かせいぜい2度ほど速く動く程度ならいいのだが、常に速く動いてしまうと、せっかくのデカさが徐々に死んでゆき、最後はデカい印象すら失ってしまい、デカいことによる様々な意味が消失してしまうからである。

いつも異性のパートナーにやさしくしていると、そのやさしさを相手がだんだん感じにくくなっていってしまうのと同じ理屈である。斉藤兄弟には初期段階からずっと、そういったことも伝えてきた。

前転後、最高にかっこいい決めポーズができるか

バランスの話を続ける。

試合が美しくないレスラーは、とかく足元がバタバタしている。これもバランスが悪いからである。バランスの悪さは、重心の分散の仕方＝立ったさいの足のスタンスに最大の問題がある。まずオレは、それを徹底的に磨いていく。

ＴＡＪＩＲＩ式ではその指導を、前回り受け身をさせて、着地した足をその位置から微塵も動かさないまま振り向かせ、自分に合った最高にかっこいいポーズを決めることを徹底的に行う。多い日には２００回以上。

この稽古は、自分に合った最高の足幅スタンスで立たないかぎり、絶対に綺麗には決まらないばかりか、バランスを取り直すために、バタバタと二の足を踏まねばならなくなるようにできている。試合が美しくないレスラーは、起き上がったり、動きを終えたさいに、何度も足をバタつかせるのだ。

初期段階からこの稽古を徹底的にこなしておくと、起き上がるさいスムーズに、さらには自身が投げたり飛んだりしたあとも、衝撃に負けずピシッ！と綺麗に立つことができるようになる。なぜなら、最高にいいバランスを保てる足幅を自分のものにできているからである。

そして、バランスよく立ったあとは、自分に合った「最高にかっこいいポーズ」を決めるのだ。これにより、エンタメにとって最大の敵の一つである「照れ」を排除していく。かっこつければつけるほどいい。

試合では、稽古でおこなうことの全部を出すことは普通できないのだから、過剰なくらいでちょうどいい。技や動きはそれをいかに綺麗に決めたかということ

と同等に、

「決めたあとの余韻がかっこいいかどうか」

が重要になる。最後がピシッと決まらないとお話にならない。

つまり、技や動きは、決めたあとのポーズを持って完結するのだ。そのために、早いうちから自分の体形や嗜好に沿った、最高にかっこいいポーズのフォルムを練り上げていくのである、道場で、毎日。

緩急をつければ速く動いているように見える

さらに、距離感。マット運動のさいは、絶対に後退しないようにする。リングの対角線上を2回前転させると、なぜかたいていの者が、「前転する→し終わったらステップバックし→もう一度」という流れを行ってしまうのである。これをクセにしてしまうと、その後のすべてが、もはや修正不能なくらい連鎖してダメになっていく。

「位置を取り直す」なんてかっこ悪くなるだけなので、まったく必要ないのだ。それをクセにしてしまうと、動きと流れにムダが生じ、試合がどんどん汚くなっていく。

どんな状況であれ、スペース（リングもしくはマットの）の中で2回転、それができたら3回転する距離感を一瞬で判断するセンサーを磨くことだ。スペースに合わせた身のこなしで、きっちりと収まるよう、指定の回数で回転できるようにする。一瞬の目測で、自分の体をどの範囲で、どのように動かすかを判断できるようにしていくのである。

マット運動でもう一つ重要なことは、緩急をつけることだ。ゆっくりの回転からいきなり加速すると、実際にはそれほど速く回っていなくとも、速く回ったように見えてしまう。マット運動を通して、その原理とコツを摑むのである。

人間はどんなことにもすぐに慣れてしまう生き物なので、常に速い動きを見慣れてしまうと、だんだんそれを速いと感じなくなってしまう。そうすると、動く側は「もっともっと速く動かなくては！」という強迫観念に陥り、そういった頭脳が「足し算のプロレス」（あれもこれもと盛り込んでしまう）の底なし沼に、はまっていってしまうのである。なので、緩急をつけることで「速く動いたように」見せるコツを身に付けていく。常に全速力で動く必要がなくなるので、体力をセーブできるという副産物も生まれる。

では、どこに緩急をつけていくのか。一つは、最後の一瞬である。最後の一瞬を速くするのだ。そうすると、実は途中は遅くとも、全体的に速かった印象を与えることができる。これは、すべての動きに共通している。

逆に、最後の一瞬の動きが緩慢だと、すべてが死ぬ。前転でいえば、回り終えてスッと立ち上がる瞬間。その瞬間が速ければ、回転が遅くともかっこよく決まって見えてしまうのだ。逆に立ち上がるのが遅いと、回転がどれほど速かったとしても、全体的に「遅かった」印象しか残らない。

まずは各種のマット運動で、加速と減速のコツを感覚的に掴んでいく。一度身に付けば、すべての動きにすぐに応用できるようになる。普通に前転をすることは、「ただ技を繰り出すだけならシロートにでもできる」と同じことである。これは一種のトリックなのだが、それがあるかないかこそ、プロとアマチュアの大きな違いであろう。

そして、こういったバランスよく、距離感も計測した、緩急のある動き（以降、仮に「いい動き」とする）を、一定のライン上で行う能力も必要となってくる。どんなにいい動きをしようとも、あっちへ行ったりこっちへ行ったりと、足場がフラフラ状態で行ってしまったら美しくはならない。

例えばアニメで、一人で全速力で走っていくキャラクターを横から見た構図を想像してもらいたい。横から見るそのキャラは、まっすぐに走ってこそかっこいい。右にぶれたり左にぶれたりしたら、横から見ている視聴者にとっては、キャラが向こうへ行ったりこっちへ近づいてきたり、なんとも集中力のないシーンとなってしまう。

では今度、そのキャラを正面から見た構図を考える。なんとなく右へ曲線を描いたと思ったら今度は左へ。走り方としてかっこよくないだろうし、そこには明らかなムダがある。時にはあえてそういうムダなシーンも「計算して」行うべき場面もあるのだが、それは応用編なので、初心者はまずしっかりとした基本から身に付けること。なぜなら、応用は基本を理解してこそ初めて可能なことだからだ。

リング内の4本のライン上で攻防は行われる

では、いい動きをブレなくまっすぐに行うためには、どうしたらいいのか。それは、リングの中に「ライン」を見出すことである。

リングに4本の線を意識。ライン上での試合にはムダがない。

そのラインは、リングの中に４本存在している。

リングを上から見て、「米」の字を書くように４本

試合における攻防は、これら４本のライン上で行ったほうが美しくなるよう、プロレスはできている。ラインの外へ出てしまったとしても、次に行われる攻防は再びラインの上に戻ってきて行われることがほとんどなのだ。なので、存在していないリング上の４本のラインを、常に自分の視界の中で確保し、そのライン上で闘うことを意識しておけば、淀みのない美しい試合になりやすい。

時々目にするのだが、コーナーに振られて左右へよたよたと曲線を描きながら辿り着く選手がいる。ああいう選手は、視界の中に見えないラインを描けていないのである。

オレはリングに上がった瞬間から、まずは４本の線を「赤いレーザー光線」のつもりで脳裏に描くことから試合の作業を始めている。ターミネーターが標的を狙うとき、視界となるモニター上に標的が現れる「スカウター」のようなイメージ。本来レーザーに当たったらダメージを負ってしまうのだが、逆にそのレーザーを浴びるとエネルギーが充塡《じゅうてん》されていくさまをイメージし、なるべくそれを浴びる場所へと動いていくのである。

こういったことも、基本の土台として知っておくべき知識である。

このラインの理屈が理解できてくると、例えば、打撃技を繰り出す理由にも深い意味合いが生まれてくる。打撃技を繰り出す理由とは、相手にダメージを与えるため？　否《いな》、それは打撃への断片的な理解にすぎない。

オレの場合、ダメージを与えるための打撃は一試合でほんの数回のみ。あとの打撃は、「相手の位置を〝ライン上〟へ移動させるため」に繰り出しているのである。ライン外の位置にいる相手を左のライン上へ動かしたかったら、右からの打撃を加える。そうすると、相手は左へ移動していく。移動したら、直進ライン上へ相手を振る。ライン上で行う試合がムダのない美しいものへと仕上がっていくイメージ、これでなんとなく掴めていただけただろうか。

こうして、繰り出す技に対する「意味合いのバリエーション」も増えてくる。

「観客に何を見せるか」への考え方

基本へ入る前の、さらに基礎となる土台の構築を、オレはじっくりと時間をかけ理解してもらう指導をしてきたし、いまもしている。そして、オレは若い子らに、こんな言葉をよく口にしている。

「ゆくゆくは『仙人』になれるようなプロレスを意識するべきである」

仙人のようなプロレス――これは完全にオレの造語である。どのようなものかというと、まあ、言葉の通りである。オレ自身、もはや若くはないので、飛ばず、抱えず、走らず、けれども密着すれば見たこともない動きで体力の上回る者を翻《ほん》弄《ろう》し、それこそ相手に触れずとも指先の動き一つで観客を虜《とりこ》にしてしまうような……すべてが仙人然としたプロレスだ。

若いうちは飛び技、派手な技、華麗な技をどんどん使えばいいと思う。しかし、それだけのプロレスでは、歳を重ねるうち、徐々にではあるが必ず劣化してくる。基礎構築がなく、その知識すらないレスラーは、「もっと練習して、かつての動きに近づけねば！」と、パワーとスピードで劣化を補えばいいと勘違いし、やがて若い者についていけなくなり消えていくのである。

「仙人」になるために必要なのは、いま言ったような方法論を知識として持っておくこと。ある時期に差し掛かると失速してしまう選手は、きっとこうしたことを教わった期間がなく、センスだけで補ってきたのではないかとオレは感じる。基本の土台となる方法論を身に付け、理解し、習得する。その期間は絶対に必要だと思うのだ。

プロの選手の中でも、「プロレスの基本とは、腕やバックの取り方などのいわゆるレスリング」程度の認識しかない者が最近は多くなった。しかし、それは所詮、枝葉である。

もっと大事な幹となる部分とは、こういうことだとオレは考える。

岩が風雨に削られてだんだん丸みを帯びていくように、酒が長い月日をかけてじわじわと熟成されていくように。仙人となるために必要なことも同様で、「観客に対して何を見せるか」への考え方も、まさに必要な要素だ。これも一朝一夕《いっちょういっせき》にわかるものではなく、月日をかけての熟成が必要となってくる……などと書いていて、ふと、オレ自身が「すでに仙人になりつつある達人ですよ」と自画自賛しているかのようにも思えてこっぱずかしくなってきたが、そこまで気を回し始めたらきりがないので、話を進める。

技の前に「観客に手拍子を求める」のは最低だ

次に「観客に対して何を見せるかへの考え方」。少々わかりにくい言い方なので、一例を挙げる。最近の選手の「観客に対する、ある行動」について。

いつのころからか、コーナーへ上るさいや、大きな技を決める前になると、お客さんに向かって「オイオイオイオイ！」と手拍子を要請する選手が多く見られる。オレは、あれは最低だと思っている。

魅せるべき側のプロレスラーが「手拍子をしてください」と、お客さんにお願いをしているのである。それに、何かをしようとしていることが相手選手にばれてしまうではないか。コーナーに上るさいは忍者のように気配を消し、相手にばれないよう上るべきである。普通に考えて、そうではないのか。

それに、想像してみてほしい。延髄斬《えんずいぎ》りを狙っているアントニオ猪木さんが、もしくはコーナーへ上ろうとしている猪木さんが、お客さんに「オイオイオイオイオイ！」と要請している絵ヅラを。オレだったら、一気に安っぽいものを見せられた気分になってドン引きしてしまう。

しかし、最近ではそういうプロレスがいい、シリアスではない「安心して見ていられるプロレス」を求める客層が存在しているのも重々承知だ。そういうニーズに向けたプロレスをやる者がいることもわかる。選手誰もが食っていくことに必死だからだ。

ただ、オレはそんなプロレスは絶対にやらないし、若い子を育てるうえで、そういったことは「するべきではない」と教えている。

そもそも、

「声を観客に届かせながら進行する」プロレスはお金を稼げないプロレス

である。なぜかというと、そういったプロレスは、小さな会場でしか通用しないからだ。大きな会場、それこそ5000人以上のハコでは、客席の隅まで声は届かないので、すべての感情をパフォーマンスで表現する能力が求められる。だから、小さな会場向けのプロレスではお金を稼ぐことはできないという道理だ。

これはオレがWWEに所属していたころ、HHH《トリプルエイチ》が皆を集めては何度も何度も口にしていたことである。プロレスラーである以上は、常にそっち（お金を稼げるほう）を目指すべきだと、オレは考える。

海外団体のビジネスとしての有料セミナー

ここ数年、オレは国内だけでなく、海外でもこうした指導を、巡業先で開講するセミナーとして行っている。そんな活動が日本で報じられることは一切ないので、ここで、その模様について詳しく紹介してみる。

海外のプロレスラー養成機関は、お金を払って習いに来る「ジム制」が一般的だ。彼らはジムやDOJO（＝道場）と呼ばれる養成所に毎月の会費を払ってプロレスを教わり、オレのような特別ゲストがセミナーを開催するときには、また別に参加費を払って自主的に学ぶ。つまり、お金を払えば誰もがセミナーに参加できるのだ。ズブの初心者であろうとも、世界的に有名な講師の指導を仰《あお》げてしまうのである。

セミナーの一つの側面は、主催者にとっての完全なるビジネスだ。参加費の相場は50ドルほど。ジムや道場の毎月の会費は、70～100ドルほどが一般的なようである。セミナーでの受講生は、だいたい20～30人ほどが集まってくる。

参加者の成熟度には、かなりのバラつきがある。2023年に招かれたフランスの団体では、「プロレスの練習は今回で2回目」というビギナーもいた。それでも主催者側と彼らから講師料をいただく立場のオレからすれば、大切なお客さんなのでムゲにはできない。

指導時間はトータル3時間ほど。オレは毎回必ず、徹底的に日本式の基礎体力運動を行うことからスタートしている。そういうことを教えられるのは、日本人

海外巡業先では、会費制のセミナーが開催されることが多い。

レスラー以外にいない。どの国の講師も、大切なお客さんにはキツいことをさせないのだ。だからこそ参加者たちは、せっかくプロレスを学ぶなら日本式を望むはず――とオレは勝手に考えている。だから、やらせる。

「きょうはですね、日本でいつも我々がやっていることの半分の回数で、まずは基礎体（基礎体力トレーニング）をします」

そんな感じで始める。

現在の九州プロレスで行っていることや、全日本プロレスでやっていたことの半分ほどの負荷（回数）だったり、逆に同じかそれ以上のことをさせる場合もある。とにかく初心者には厳しく、「本来のプロレスとはこういうものだ」と強く認識させることも大事だとオレは考える。

腹筋、背筋の体幹運動から始め、腕立て系、ジャンプを中心とした足腰、そして首のトレーニングへと続く。どの種目も、その場にとどまって回数をこなす従来のやり方ではなく、移動しながら、様々な角度から動かしながら行う。正直な話、ヒンズースクワットなんて、慣れてしまえば1000回なんて簡単だ。

オレがレスラーを目指していたアニマル浜口ジム時代には、スクワット500回と1000回を週に5回、一日おきで交互にこなしていたものだが、なんてことはなかった。人間の体というもの、同じ刺激にはすぐに慣れてしまうのだろう。なので、動きを加えながら、これらをみっちりとやらせる。

例えば、スクワットであればジャンプを加えながら。腕立て伏せであれば、手押し車の体勢でリングを何周もしながら、コーナーに来たときにはその場で5回ずつ行ったり。基礎体だけでセミナー前半の1時間半を費やす。ほとんどの国の子が、そこまで長時間の基礎体を行うことはまずないので、この時点ですでに貴重な体験をすることになる。

体で覚える前に、頭で理解すべきこと

小休止を挟み、後半はリングワークだ。まずは、前転などのマット運動をみっちり行い、誰がどれくらいの身体能力を有しているかを確認する。それが把握できたら、大事なポイントをそれぞれのレベルに合わせて解説する。

前述したように、スタート前から自分なりのキャラクター感を身にまとうことが大事だ。そして、前転の回転速度に緩急をつけること。動作を終えたらベストフォームでビシッ！　とポーズを決めること。

さらに、距離感。マット運動を通してそれらを説明したら、次は前回り受け身へ。これも、受け身がとれるかどうかはたいした問題ではなく、ベストな足幅を知りバランス感覚を磨くために行うのである。

自分のベストな足幅がわかるようになったら、今度はロープワーク。「スロー→ファースト」の繰り返しと「ターン」を速くすれば、ロープワークは急いで走らずとも速く見せられる、という原理を解説する。これは、先ほどの緩急のトリックと同じである。

その感覚を摑めた者は、食いつき方がガゼン違ってくる。それほどまでに大きく変わるのだ。この原理を理解できた者はプロレス全般の動きに、その瞬間を境にだんだんと変化が出てくる。すべての動きをかっこよく魅せるためのコツが「わかったような気分」がしてくるのだと思う。

仕上げにタックルのぶちかましで、それらの原理を包括的に理解させる。ここまでの時点で、参加者の98％はスタート時よりもかなり巧くなっている。これは毎回感じる手応えだ。

そして最後はQ＆A。ここに時間を割くことも、かなり重要である。時には1時間も質疑応答をすることだってある。個人的な感覚としてだが、「体で覚える」ということは、むやみやたらと体を動かすことではなく、「まず頭で理解して」行わないと、ムダに捨てる時間があまりに多くなってしまうとオレは考える。良いコーチは常日ごろから、「ひらめきに繋がるキーワード」のストックを、たくさん用意しておくべきだ。Q＆Aでの受け答えを通して、そういったワードをどんどん記憶に刷り込ませていくのだ。

いま海外のプロレスラー志望の若い子たちは、様々なコーチの指導を受け、加速度的な進化を遂げている。日本人だって負けてはいられない。

芸能人を怪我なくリングに上げる

ちなみにここで、かつてオレが所属していたハッスルで、どのように芸能人を指導していたかを記しておく。そこでの経験も、いまのオレの指導方法を構成する貴重な要素の一つとなっていることは間違いないからである。

ハッスルでは、多くの芸能人をリングに上げてきたし、オレ自身もそんな彼らにプロレスの指導をしてきた。インリン様、レイザーラモンHG、RG、クロマティ、カイヤ、江頭2:50、泰葉《やすは》、海川《かいかわ》ひとみ、などなど。

当時「芸能人をリングに上げるなんて、プロレスをナメてんのか!?」という見られ方をかなりされた。しかしそれが、プロとしていちばん大事であって、実はどこの団体でも一時的とはいえ成功を収めて、真の目的である興行収益に直結させてきたことは事実だし、そんな彼らに練習で怪我をさせたことがないことも、また事実なのだ。

プロレスも芸能界も「プロ」の世界である。怪我をして仕事にならなくなったら、本末転倒でお話にならない。ならば出なければいいではないか、プロレスをナメるな！　というファンも相変わらず多いし、オレ自身もかつてはプヲタ（プロレスおたく。おたく＝ヲタク）だったから、その気持ちも重々わかる。

しかし、プロは金を生まねばいけないのだ。客を入れなくてはいけないのだ。そして、時代は変わっていた。いまでは多くの団体が普通に芸能人をリングに上げているし、ファンも違和感なくそれを受け入れている。これも、先取りしてしまった時代の流れなのか。

ちなみに、オレ自身は芸能界にまったく興味がないし、いまでも嵐とＡＫＢのメンバーの名前さえ一人もわからないほどの芸能音痴なので、そういった嗜好がまったくない。ハッスルの芸能人路線にも積極的ではなかったし、その後、自分がプロデュースした団体でも、芸能人に試合をさせたことは一度としてない。

さて、ハッスルで現場を仕切っていたのは安生洋二《あんじょう》さんだった。オレはどちらかというと、プロレス部門寄りの補佐官的立ち位置。芸能人がやってくると、責任者的立ち位置で迎え入れていたのは、間違いなく安生さんだった。

芸能人を教えるうえでの安生さんのポリシー、それは「絶対に怪我をさせないこと」に尽きていたと思う。つまり、プロレスが本業ではない人たちに「出ていただく」のだ。怪我をさせてしまったら、彼らの本業に支障をきたしてしまう。それだけは絶対にあってはならない。そのため、彼らは、試合の3か月もしくは2か月前から練習を開始していた。

ただし、インリン様とHGとRGらレギュラーたちは、常日ごろから道場に通っていた。一回の練習時間はおおよそ2~5時間。全員例外なくしっかりと、前回り受け身をとることから始めていただいた。その段階がクリアできなければ、決して次にはいかせない。

そして、そんなときの一流芸能人の集中力と吸収力というものは、すさまじいのだ。これはもう本当に、才能のないプロレス練習生なんて比較にならないほどの素質が、どの芸能人にもあった。つまり、

人間としての「モノ」が、そもそもからして違う

のである。芸能人ということで「色眼鏡」で見ている連中は、そのあたりを理解しなくてはいけない。

いまやインディー団体の中には、ろくにリング練習もしないまま、例えば3か月後くらいにはデビューしてしまうケースだってザラにある（これはオレ自身のことではないか！）。ハッスルは、そんな環境ではなかったのだ。

人並み外れた才能の持ち主に、超一流のコーチ陣が、超一流の環境で集中的に

仕込むのである。実際に見ていた人たちはご存じだろうが、結果、彼ら芸能人のリングパフォーマンスに、非のつけどころがあっただろうか？　彼らよりもよっぽどヘタなレスラーは、当時もいまもゴロゴロいる。

先ほど触れた前回り受け身、芸能人にもそうした基礎から教えていく。次に、どのような試合にするか、テーマを決める。最高なのは、その芸能人がハッスル参戦にあたっての理由と直結しているようなテーマ。これが最高につくりやすかったのは、泰葉さんだった。理由をご存じない方は、ネットを検索すれば当時の事情を理解していただけると思う。

それで、テーマに沿った試合の中身を、我々スタッフが考えていく。その中での必要最低限のムーブを決め、それを指導していくのだ。

そして、技、表情、仕草など、タレントが試合中にできそうなことだけを選択し教えていく。とにかく、タレントにできそうな素材だけで試合を構成していく。頭から落とすだとか、複雑な攻防だとかは最初から誰の頭にもない。そんなものを喜ぶのはマニアだけだ。ハッスルの客層はプロレスマニアではなく、普通の一般層だった。

できそうなことをカッチリ固めたら、選択した動きに必要な練習を、その動き
を構成する基礎から徹底的に繰り返す。例えば、DDTという技。あの技は相手
を持ち上げる腕力がなくとも、比較的容易に仕掛けることができる。ただ、自分
も背中からマットに突っ込まねばならないので、後ろ受け身の習得が必須となる。
そのため、後ろ受け身を徹底的にやらせる。
結局、受け身と名のつくものはすべて徹底的にやっていただく必要は、常にあ
った。プロレスとはそういうものである。
「数か月の受け身の練習で、本物の受け身が取れるはずがない！」
そんな声も聞こえてきそうだが、もちろん、その通りである。しかしそれは、
「何十発と受け身をとる普通のプロレスの」試合の中での話だ。
ハッスルの芸能人の試合のように、「ここと、ここ」と、決めどころをしっか

り確定させてしまえば、それに対して完璧にこなそうとする芸能人の集中力と吸収力で対応できるものなのだ。何度も繰り返すが、本当に彼らの集中力と吸収力は半端なくすさまじいのである。

言ってみれば、「型」をこなす能力の凄まじさ。その道のプロゆえのものなのだろう。本番までに演技や振付を覚え、完璧にこなしてしまう。そういう経験を積み重ねてきたのだから、その習得能力たるや、凄まじいものがあるのだろう。

そのとき、教える側が「プロレスとはこうあるべきだ！」みたいな固定観念に凝り固まっていては、そういう指導は絶対にできない。なので指導する側は、プロレスに対してすでにある程度の「達成感」を持っている者でなくてはならない。達成感のない者は、精神に自由がない。達成感を持っている者でなければ、教える役割は担えない。それは最も大切なことである。

そうでなくては、他のタレントが自分以上に注目を浴びることを許せなくなる。簡単な言い方をすれば、教える側の者が自分よりも注目されるようには絶対にさせなくなってしまうのだ。オレはいまに至るまで、そんなケースをゴマンと見てきた。達成感のない中途半端なレスラーが仕切るような団体は、最悪である。

この「達成感」というものがプロレスラーにとっていかに重要なものであるかは、最終章で詳しく書くことにする。


ただし、いざ試合となったら何が起きるか、これはもう本当に誰にもわからない。実際、HGは場外へ飛んだださい、踵《かかと》の骨を複雑骨折してしまったし、ジャイアント白田さんは顎《あご》を骨折したし、インリン様だって突き指や打ち身などはしょっちゅうしていた。それでもハッスルの芸能人が練習で怪我をしたことがないという事実は、やはり「かぎりなく正解に近い教え方」を実践できていたからだと思うのだ。

オレ的なイメージとして、ハッスルでの芸能人指導は、「その人が試合で用いる必要最小限の技術をまずは選択し、それらの基本の土台から短時間集中で仕込んでいく」そんな教え方をしていたと思う。

これまでに何度も記してきた、基本の土台。正直、このすべてを文字化することは困難だ。あまりにも多岐にわたりすぎるし、日々新たな発見もある。そもそもオレが知っていることなんて、ほんの一端にすぎないだろうし、それが正しいかどうかの答えすらない。それでもオレは、現在所属する九州プロレスで、このようなプロレスを教えている。力ずくで根性論を振りかざすような指導でないことは、おわかりいただけたと思う。

ただ、「肌に合わない」というレスラー志願者もいるだろう。逆に、ビビッと感じるものがあったという者も少なからずいるはずだ。そんな後者の若人が、九州プロレスの門を叩いてくれることを、オレは切に願う。

選手として、やりたいことはやり尽くしてしまったいま、思うことは、これまで蓄えてきた経験や知識で若い選手のサポートをすること。それが歳を重ねたレスラーのあるべき姿と思うからだ。九州プロレスでＴＡＪＩＲＩから教わってみたいという若者を、オレは待っている。

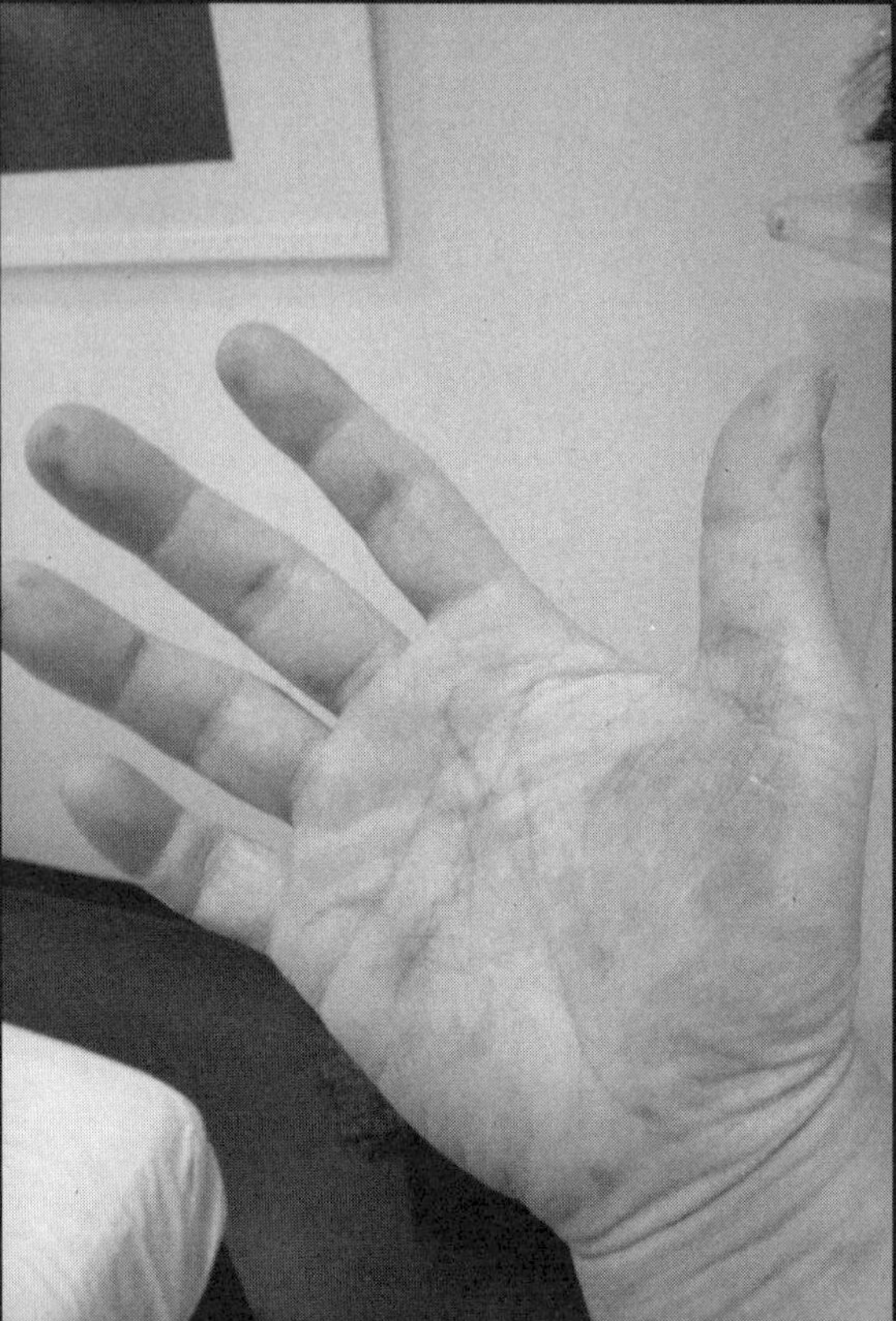

第4章

プロレスの技は本当に進化しているのか

プロレスの技はデフレを起こしている

この章は、本書の中でも反対意見、批判、あるいは「あいつは古い！」などのバッシングを受ける可能性が最も高い一編となることを自覚したうえで書き進める。

ここ数年、プロレスの技術は進化していると言われている。しかし、これはあくまで「個人的に」なのだが、実はそうではなく、ただ単にマニアに向けたそれに傾きつつあるだけではないかと感じている。どうしてそう感じるのかというと、簡単に言えば、「技のデフレ（供給過剰）」を起こしているのではないだろうかと。

過日、twitter（現X、以下同）にこんな投稿をした。

〈怪獣がスペシウム光線を使ってはいけない。それはウルトラマンの役目だ。だけど最近は使いたがる怪獣が増えている。怪獣は殴れ！蹴れ！首絞めろ！

でなくては一見《いちげん》さんにはどっちがヒーローか理解できないぞ。彼らはこの数カ月でそれを本当に理解した。そんな実りある時間を九州プロレスで過ごしてきた〉

（2023年7月18日）

ちょうどその前日に、九州プロレス熊本大会で対戦したイタリアからの留学生チーム、ニコ・インベラルディとミルコ・モーリの二人を評した言葉である。数か月前の来日当初、彼らはとにかく技を使いたがる試合をしていた。

ほら、こんな技だってできるぞ！　数と難度なら負けねえぞ！　すごいだろ、ほらほら！――みたいな。

オレはいつも、彼らのように悪者感がハンパないビジュアルのレスラーには、「技なんて最後の一つだけやればいいから、とにかく乱暴で悪いことばかりをするように」

とアドバイスを送っている。本当に、最後の一つだけでいいのだ。あとは殴る、蹴る、首絞める、噛みつく、金的攻撃、目突き。もちろん、相手の華麗な技をキャッチする技量が優れていることは大前提としたうえでの話である。

しかし、いまどきのプロレスには、悪者だろうとなんだろうと、とにかく技・技・技のオンパレードの試合というものが存在する。それはそれでいい。そういう試合にこそお金を払いたいマニアを相手に、そういう試合をすればいいのである。

オレがいま所属している九州プロレスの会場には、そういったマニアは数人しか来場していないのではあるまいか。さらに言えば、彼らは九州プロレスマニアであって、本格的なプロレスマニアとは根本的には別もののような気がする。

一応、念のため断っておくが、そのどっちがいいとか悪いとかを語りたいのではないので、勘違いしないでほしい。「生まれて初めてプロレスを目にします」という人たちに受け入れられやすいプロレスとは何か、という話をしたいだけである。

悪者が技を中心に試合を構築してしまうと、だんだん悪い人に見えなくなってきてしまう。それによって、いい者を応援する理由は消失していく。誰にでも推察できる簡単な原理であろう。

マニアだけを相手にするのではない、「一見さん相手」のプロレスにおいて肝心なのは、いかにして、

「勧善懲悪《かんぜんちょうあく》の世界」

に引き込んだうえで本気にさせるか。

何しろ、九州プロレスの会場内はいつも子供だらけだ。そのために、悪者は難解なことは極力避け、悪いことばかりをする必要がある。善vs.悪をとことんわかりやすく伝えるには、華麗な技なんか使っている場合ではない。いい者は華麗

九州プロレスの会場内は子供多し。まずは勧善懲悪の世界に引き込むのだ。

にやられるよりも、乱暴に粗雑にやられてこそ、観客は心の底から応援したくなるものだ。

だから、悪者はできるだけ技を使わないほうがいい。一見さんに見せるべきは技vs.技の攻防ではなく、善vs.悪の対立構図なのだ。

ニコもミルコも、イタリア以外で試合をしたことはほとんどないまま来日してきた。日本よりも市場の小さいイタリアのプロレスは、完全にマニア相手の商売である。なので、とにかく技に頼る試合を身に付けていた。繰り返すが、そういう商売をしたい人はすればいいのである。ただし、一見さんばかりの会場ではポカンとされて終わりである。

いまどきのプロレスの複雑な攻防は、それを見慣れている我々が想像している以上に、一見さんにはわかりにくいものなのだ。プロのオレでさえ、「何いまの？どういうこと？」というのが頻繁にあるくらいなのだから。

九州プロレスに来た二人は、想定外な観客のリアクションに、いろいろ考えたのだと思う。日がたつにつれ、彼らの試合から、複雑な連携や華麗な技が一つずつ消えていった。それと反比例するように、相手への殴り方と蹴り方が上達していった。高度なサブミッションも、最後は指を噛むなどのチープなオチをつけるようになった。

つまり、

出せば出すほど印象が薄れてしまう

それがプロレスにおける「技の特性」である。なぜかというと、技というものは「調味料」のようなものだからである。まず、ベースとなる素材が存在する。それがレスラー。素材であるレスラーの味を、どのように引き立てていくのか。調味料でめちゃくちゃにしてしまってはいけない。ほどよく調和を保つのだ。素材の味を殺さないように。

そして、ここが肝心である。調味料をぶっかけすぎた食い物は、「すぐに飽きてしまう」

ということだ。オレに関して言うと、もう完全に飽きてしまっている、技ばかりを魅せようとするプロレスに。ゴングが鳴って、いきなりお互いがロープに走り出し、複雑な攻防を始める試合を目にすると、「ああ、またか……」とげんなりしてしまい、あくびが出て急激に眠くなる。そういう人は、オレと同じ世代に実はけっこう多いのではあるまいか。

それに、普段から同じ組織に属し、同じ試合を見ている人たちが考えて行うことは、「似てくる」のだ。いまのプロレスには、同じような内容の試合、同じようなことばかりをしている試合が多すぎやしないだろうか。

こんな考え方は「古い」と一刀両断してもらっても構わない。きっとそれも正解だと思うし、オレ自身はただ単に「飽きた」と言っているだけで、「あそこのラーメン食いすぎたから飽きた」程度の独り言にすぎない。

その結果、どんな技を見てもなんとも思わなくなってしまった自分がいる。一瞬だけ、ビクン！　とくらいは反応することもたまにはあるけれども、次の瞬間には右から左へと素通りして行ってしまうのだ。

これはもう、技が多すぎて価値を感じなくなってしまった状態。つまり、「技のデフレ」ではないかと。品のない言い方だが、インポになってしまったというほうがより正確かもしれない。

選手がそんな認識であれば、観客側にも似たような弊害《へいがい》が起きているのではあるまいか。選手が「飽きている」、つまり観客からも「飽きられている」みたいな。

さらに、こうした感覚は、技に関してだけではない。ここ最近、プロレスに関する情報もデフレ状態というか、あまりに過剰に供給され氾濫《はんらん》しすぎていて、そこから受ける刺激が薄れていやしないだろうか。どんな情報を聞かされても、もはやまったく衝撃を受けなくなってしまったし、なんとも思わなくなってしまった。

ただ、これはプロレスにかぎらず、もはや世の中でどのような事件が起きようとも、以前のように「ゲゲッ！」という衝撃が薄くなってきているような気がするのだ。結局、

衝撃や感動こそが、人間を衝《つ》き動かす

のである。それが失われたら……後戻りのできない、恐ろしい時代に突入している予感がしてしかたがない。飛躍した考えかもしれないが、もしかするとＡＩに人類が滅ぼされる可能性が、こういうところにも大きく潜んでいるのではなかろうか、と。

新規ファン獲得よりマニア向けにする罠

話を戻す。マニアに向けた試合がどうしてよくないかというと、いまさら説明の必要もなさそうだが、あえて記す。我々プロレス関係者の意図するビジネスの矛先《ほこさき》がマニア方面へ向かってしまうと、新規参入ファンが入りにくいマニアックな世界が構築されてしまい、業界自体がミクロ化していく可能性が非常に高いからである。

これは、ファンには一切関係ない世界の話。すべてはつくり手側の意識の問題だ。だから、この章はそっち側へ向けての警鐘のつもりで発信している。「TAJIRIごときのぶんざいで生意気だ」と思われようとも、あえて書かせていただく。

どうしていまのプロレス関係者は、マニア向けのものを提供する傾向にあるのか。それは、表立って言えない話ではあるのだが、業界自体が潤っていないからではないだろうか。

要は、チケットやグッズなどを購入してくれる可能性が高い「現有ファン」を優先してのサービス提供にばかり走っているということなのだ。それはそれで仕方のないことではある。誰もが食っていかねばならないのだから。それほどまでに、いまのプロレスはどこもかしこも運営が大変だ。

のちほど詳しく書くが、オレもかつてＷＮＣという小さな団体を回していたときは、そんな負のサイクルに完全に陥っていた。最後はとうとう運営していくこと自体がイヤになり、どうにかして誰かへバトンタッチしようかと模索している最中、思いもしなかった武藤敬司さんからの「ＷＲＳＥＴＬＥ－１に移籍してこないか」という呼びかけに救われたのだが。

まったく効かない「エルボー合戦」の無意味

そうしたマニアックな方向へ向かい始めていることに、関係者ほど気が付きにくいようだ。この状況は、いちばんヤバいヤツである。その結果、もはや理屈もへったくれもない理解不能な試合さえも、いまのプロレスには氾濫しているとオレは思う。

こうしたマニアックな事例として、「エルボー合戦」を考えてみたい。

オレは2023年5月8日、twitterにこんな書き込みをした。

〈何発繰り出してもまったく効かないエルボーの打ち合い。久しぶりにそういうの見たら、突然気持ち悪くなってきた。比喩《ひゆ》ではなく、本当に吐きそうな感覚に襲われた。こんなのは初めて。だけど、そういうものなのかもしれない。色々と考えてしまう〉

この日、オレはある試合の動画を見た。おそらく100発以上ものエルボーを数人で繰り出していくのだが、それが誰にもまったく効かない。そういう試合は近年のプロレスではよくある。当初はたいして気にもせず観ていたのだが、そのうち、だんだん気持ちが悪くなってきてしまった。それこそ比喩ではなく、本当に吐きそうになってしまったのだ。

この展開をたとえれば、街中でナイフを持った者同士がお互いにグサグサと何度刺し合っても倒れることなく、いつまでも平然と刺し合い続けているようなもの。観ているオレとしては、根本的に何かがおかしいものを目にしてしまったときの拒絶反応に似たものがあった。本能が無意識に拒絶しての吐き気、だったのかもしれない。

その気持ちを素直にそのままtwitterに書いたわけで、別にその試合を否定するつもりではなかった。すると、予想だにしなかった反応があったのだ。

「いいね」の数が700を超え、コメント数もどの回にも増して多かったのである。

「同感です」

「あれは安易です」

「あれがイヤでプロレスを見なくなった」

「またそこでそれか、という気持ちになりゲンナリします」

「I編集長は初っ切り《しょっき》（前座）プロレスと呼んでいました」

たくさんの書き込みがあったが、その8割がたは「よくぞ言ってくれました」的なものだったことには驚かされた。

もちろん、オレの書き込みに対する否定的な見解もあった。

「後半へ向け呼吸を整える時間では？」

みたいなもの。

しかし、この見解については、プロとしてオレは完全否定させていただく。

エルボー合戦がいいか悪いか、そんなことを議論するつもりなんてオレにはサラサラない。そういったものが厳として存在して、ベテランよりも若い選手にほど「そういうもの」という認識がすっかり浸透しきってしまっているのは事実だ。それはお客さんに対しても同様。なので、いまさらどうだっていいことではある。ただ、オレはこれをやらない。なぜかというと、効かない技なら技として成立していないと考えるからである。普通に考えてみてほしい。効いていない技になんの意味があるのか。


オレは道場で若者を指導するさい、必ずこう言っている。

「効かないエルボーをどうして何度も用いるのか？　あの攻防の意義を自分でしっかりと考えたうえで使うというのならば、使うべきだ」

しかし先述したように、あの攻防はすでに若い世代の間で「そういうもの」として浸透しきってしまっている。なので、それはそれだ。オレはあくまで一個人の意見として、またオレ自身のプロレスの姿勢として、エルボー合戦は絶対にやらない。

ちなみに、レスラー間でもエルボー合戦論議はけっこう頻繁におこなわれる。オレと同意見で、絶対にやらないという選手は案外多い。

エンターテイナーか、アーティストか

一つ思うのだが、簡単な言い方をしてしまえば、ほとんどの選手があの攻防を、「流行りだから」と深く考えることもなく展開しているような気がする。それだったらなおさら、オレは死ぬまでエルボー合戦なんぞやらない。流行りに乗るということは、独自の思考やキャラクターを商売とするはずのプロレスにおいて、最もダサく、安易で、美学のカケラもないことだと「オレは」考えるからだ。

仮に「流行りだから」ではないとして、例えば「お客さんの好みだから」という見解のもとで行っていたとする。それはそれで、商売としては正しいのかもし

れない。しかし、プロレスラーはエンターテイナーであると同時に、アーティストでもなければいけないと「オレは」考える。

ならばアーティストが、お客さんの嗜好に媚《こ》びた作品をつくるだろうか？　自分の感性から湧き上がってきたものを好き勝手に形として提供する。それがアーティストだと思うのだ。もちろん、そうした独自の観点の作品は、世間にまったく受け入れられない場合もあるだろう。そのときはそれも宿命だ。しつこいが「オレは」そう考える。

さらにオレの場合、試合で繰り出す展開をチョイスするさい、

「昔の選手だったら、ここでどうするだろう？」

と考えることが多い。

想像してみてほしい。ハーリー・レイスvs.リック・フレアーで、あるいはル

ー・テーズvs.力道山で、アントニオ猪木vs.ブルーザー・ブロディで、長州力vs.前田日明で、ミル・マスカラスvs.カネックで、効かないエルボー合戦がいきなり始まってしまう、そんな光景を。

相手を追い込んでいながら逆転される不思議

そしてこのことで、個人的に最も深く考えさせられてしまったのは、大袈裟でもなんでもなく、本当に「吐きそうな感覚に襲われた」という事実である。九州プロレスでは、少なくともオレがこれまで見てきたかぎり、エルボー合戦は見当たらない。よろめきながら一発ずつ打ち合うことはあっても、高速で打ち合い、なおかつまったく効かないという展開は記憶にない。

だから、先日見たエルボー合戦は、本当に久しぶりのことだった。吐きそうな感覚、つまりオレはそこに、強い危機感を覚えたのだ。その気付きを、口にせずにはいられなかった。

エルボー合戦がいいか悪いか。そんな枝葉末節《しようまっせつ》なことを議論するつもりなんてサラサラない。そうではなく、いまのプロレス界にはいろいろな意味で、改めて深く考えなくてはいけないことが山のようにある。言いたかったのは、そこなのだ。

ただ、ファンの中には、「エルボー合戦に対する違和感なんてものは関係ない。楽しければいいんだ！」という見方もあるだろうし、それはそれでいい。しかし、なんの疑問も抱いていない選手が多そうな様子に、オレはけっこうヤバい気がしている。

さらに、これは拙著『戦争とプロレス』にも書いたのだが、せっかく相手にダメージを与えて優位に立っているのに、弱っている相手を放置して、自らロープに走ったために相手からのカウンターを喰らうという「アレ」。しかも、一試合にお互い何度も何度も繰り返す。あれを目にするつど、「ああ、またかよ……」と最もゲンナリしてしまう攻防である。

オレと同じように、アレをおかしいと思い、それを否定し、絶対にやらないというレスラーを、オレは何人か知っている。彼らは日本人だ。中にはそういう選手もいるのだ。だから、オレだけが偏屈というわけではどうやらなさそうである。彼らがアレを否定するのも、オレとまったく同じ理由からなのだから。

大谷晋二郎の怪我と「効かない技」の問題

ここで一つ提言させていただきたい。プロレスの技とは本来、「効かないならば意味がない」ものであるべきだ。であるならば、より相手に効く、ダメージを与えるように改良されてこそ進化と呼べると思うのだ。

とすると、逆に相手にダメージを与えない技は、「退化した技」ということになるのだろうか？　しかし、より相手に効く技が「危険な技」であっては絶対にいけない。

危険な技――昨今のプロレスでもたびたび問題視されることである。2022年4月10日、ZERO1の大谷晋二郎選手が試合中の怪我で緊急搬送され、頸髄《けいずい》損傷の大怪我を負った。いまも首から下に麻痺が残った状態にある。

その大谷さんの支援興行（同年6月4日）に参戦させていただいた。

本人とご家族にとっては長く、つらい闘いである。継続的な支援をさせていただくこと、オレたち外野にできることはそれしかない。定期的に募金をし、頻繁に支援を呼びかけ続けること。そして、業界の人間がすべきことは、

「怪我をしないプロレス」

というものに真剣に取り組むことだと思うのだ。

「怪我をしないプロレス」

書いたオレ自身がわかっている。書いたくせにわかっている。そんなもの、あるはずがない、と。

それこそ「なんでこんな技で!?」という、なんでもない投げ技一つで全身麻痺となり、いまも寝たきりなメキシコのレスラーだってオレは知っている。プロレスとはそういうものである。

しかし、それでも「かぎりなく、怪我をしないプロレス」に近づくことはできる。それはどういうものかというと、こういうことだ。

「危険なことをしないプロレス」

それだけで怪我のリスクをグッと軽減させることは確実にできる、はず。

あまりに酷《ひど》かった危険技に走りがちな傾向が、一時期はかなり改善されてきたような気がしていた。しかし最近、だんだん元に戻ってきていると個人的には感じている。

危険技を多用しがちな選手は、こう考えているフシがある。

「危険なことをする＝一生懸命闘っている」

まったく違う。それはただ単に、必要のない刺激物の投与でしかなく、本来のプロレスとはそんな浅はかなものでは全然ない。

昔の試合。それこそジャイアント馬場さんの試合、アントニオ猪木さんの試合、藤波辰爾さんの、長州力さんの、ザ・ファンクスの、リック・フレアーの、初代タイガーマスクの――、本当の本物の試合を見ればわかる。「日常的に」そんなことをした（している）選手は一人もいない。

大技すらもほとんど用いない。フィニッシュ一発。それが本来のプロレスだとオレは永久に信じる（あくまでも「オレは」ね）。ただし、まれに「どうしてもやるしかない」という場面では、命がけで、仕方なしにならば、あり得る。それも、ある程度までの危険な範囲で。その範囲は絶対に越えない。それほど留意して行うべきことと思うのだ、危険技というものは。

ファンに媚びる「商人」になってはいけない

「それではファンのニーズに応えられない」というレスラーもけっこういる。「いまのファンのニーズに応えるのがプロだろ」と。しかし、その思考回路は、プロレスラー的ではないとオレは思う。誰かの嗜好に足並みを合わせる。そうした時点で、プロレスラー的ではないと思うのだ。

それはなぜか。

レスラーとは哲学者だから。

独自の哲学をもって、試合を見る人の人生に影響を与えるべき存在だと思うからだ。

消費者のニーズに合わせるというのは、「商人」の発想である。レスラーは商人ではない。哲学者であり、アーティストであり、クリエイターだと思うのだ（しつこいようだが、「オレは」ね）。では、見る人の嗜好は無視でいいのか？構わない。基本、それが当たり前だとオレは考えている。

例えば古今東西、世に受け継がれる名作物語で、ハナから読み手の嗜好を意識して書かれた作品なんてあるのだろうか。作者は自分の言いたいこと、主張したいことだけを好きなように書き記したはずである。それを評価するしないは、受け手次第。すべての「作品」とはそういうものだとオレは思う。

そんな中でも、大衆の嗜好にたまたま凄まじく合致した作品を残す者がいるなら、それこそが数少ないスーパースターという人種ではないか。ただし、これには、プロレスというものをどう捉えているかという、個々人で異なる考え方を抜きには語れない側面も含まれている。ここで書いていることについて、読者に強要や同意など一切求めていないことは、ご理解いただきたい。

そもそも「どうすればお客さんにウケるか?」なんてことばかり考えているレスラーは、魅力的なんだろうか? それは一種の「媚び」でしかないとオレは思う。それにどうせ、そんなウケ狙いが的中する確率なんて、めったにない。本当の一流にまでのし上がったレスラーが考え続けたであろうことは、「どうすればお客さんにウケるか?」ではなく、

「どうすればオレの魅力を最大限に伝えることができるか?」

だったのではなかろうか。その結果、たまたまスーパースターになった者もいた――そういうことだと思うのだ。

木谷高明氏の名言「すべてのジャンルはマニアが潰す」

さて、これはオレのプロレス哲学なのだが、プロレスとは、

「理にかなっている試合を構築すれば、危険なことをする必要がない」

ようにできている……と考えている。最近の一つの流行りとして、エプロン（リングのマット上で、ロープより外側の縁の部分。硬いし、幅も50センチもないくらい狭い）での攻防というものがある。例えば、こんな流れだ。

エプロンで我慢比べの打ち合い

↓

大振りパンチをかわしてどちらかが抱え上げる

↓

エプロンもしくは場外へ叩き落とす

オレはそういった攻防は一切しない。なぜかというと、本気で相手に勝とうとしている者が、あんな足場の悪い場所で攻防を繰り広げるはずがないと考えるからである。オレだったら、そんな場面になったら場外に降りる。そして相手を場外へ引き込み、優位なポジションを確立する（またもしつこいけど、「オレは」ね）。

「理にかなっている試合を構築すれば、危険なことをする必要がない」

オレ的にそういうことである。自然とそうなっていくと思うのである。

ただし、これには選手個々のキャラも関係してくるので一概には言えない。「逃げた」と思われてはならないキャラは、危険を承知で受けて立たなくてはいけない場面も絶対にある。そこで考えなくてはいけないのは、そういった本来とんでもなく危険なシーンが「日常的なもの」と化しつつある現状のことだ。

理にかなっていないものは、一般大衆に理解されにくいが、マニアは喜ぶ。その結果、ジャンルのマニア化が進んでいく。日本でプロレスがどんどん不人気ジャンルに凋落《ちょうらく》していった過程と、こうした理にかなっていない試合の浸透具合は、決して無関係ではないとオレは考えている。

ソフト（試合内容）がマニア向けになっていったら、マニアしか集まらなくなる。そして、ブシロードの木谷（高明）会長兼社長が喝破《かっぱ》したように、

「**すべてのジャンルはマニアが潰す**」

のである。理にかなっていないプロレスには「潰れる」未来がチラついてしまう。ちなみにオレは弟子たちに、こういった考え方を入門当初からずっとずっと、それこそ暗示にかけるほど言い聞かせてきている。

……しかし。「周囲の皆がそういう攻防をするのでやらないわけにはいかない」という環境にある者も、彼らの中にはきっといると思う。そういった現実的な側面もあるので、くどいようだが、繰り返し書いておく。ここではあくまで、オレ

個人としての考え方を書いているにすぎないので。

エプロン攻防の日常化で「危険創造能力」が消える

話はエプロンでの攻防に戻るが、エプロンで後頭部から落とされると、まず普通通りの受け身はとれない。たまにSNSで、

「エプロンでも受け身をとれる技術があるからこそ成り立つ」

なんて書き込みを見かけるが、エプロンでは腕を広げるスペースがないので、普通通りの受け身はまずとれない。エプロンでのジャーマン、もしくはドラゴンスープレックス。あれは受け身をとって無事だったわけではなく、

「**たまたま無事だった**」

だけにすぎない。奇跡的に、たまたま大丈夫だっただけ。これだけは本当に、

仕掛ける側も受ける側も、見る側も、誰もが肝に銘じてほしいと思うのだ。

繰り返すが、エプロンでは普通通りの受け身はとれない。ここで技を食らうということで、体や首や腰がもともと持ち合わせている耐性残量が、確実にガクッと目減りしていく。1回ごとに、最後の1回に近づいていく。

エプロンでの攻防でも、例外はある。背中から落とす技や、ある特定の体勢からの技ならば仕掛ける側の技量次第で、という側面もあるのだ。マット内で受けるより確実に耐性残量は減るだろうが、仕掛ける側の技量次第で、ぎりぎりありになる技もあるにはある。

しかし、ここで怖いのが、少なくない数のファンが「いつもやっているから危険ではないだろう」という錯覚に陥ってしまうことだ。実際、SNSでのそういう書き込みをたまに見かける。

プロレスが、リングで闘ったことのない者の「危険想像能力」（人間特有の一つの能力）を、そこまで鈍らせてしまっては絶対にいけない。ファンのみならず、当事者である一部の選手にまで「ま、大丈夫でしょ！」と、危険想像能力を完全に消失している者がまれに存在するのは、恐怖以外の何ものでもない。そして、

ほとんどのプロレスラーには、保証も保険も何もない

のである。人間の体はある瞬間までは持ちこたえても、その一線を越えて危険な状況に陥る瞬間は、いきなり無情にもやってくる。

意図して危険なことをしてはいけない。プロレスでそういった要素が日常化しつつあるならば、一つ一つ取り除いていかなくてはならない。しかし再び繰り返すが、ここではオレ個人としての考え方を述べただけであり、その強要も同意も一切狙ってなんかいない（このくだりを何度も繰り返している意味を、汲んでいただければ幸いである）。

それにしても、大谷さんとご家族があまりにも気の毒で、自分の考えを書かずにはいられなくなってしまった。とはいえ、こんな考えをオレが訴えたところで、日本のプロレスの現状はおそらく変わらないだろう。業界全体が経済的に潤っていなさすぎて、誰もが目先のことのみに走ってしまうからだ。

なので、このくだりは多くの人に読んでもらえなくても全然構わない（この本自体は大勢に読んでもらいたいものだが）。昔と違い、オレはもう、そう考えるようになってしまった。

はたして、いまのプロレスの技術は、本当に進化しているのだろうか——。

第5章

道場論

プロレスラーの魂を鍛える場所

道場はコーチと仲間がいることで成立する

プロレスを習得するうえで、絶対に欠かせないものが「道場」である。オレは旗揚げから崩壊に至るまでとうとう道場を所有しなかったＩＷＡジャパンで育ったので、逆に、その必要性がよくわかるのだ。

道場のない団体で、どのようにしてプロレスの稽古を積み、デビューまでこぎ着けたのかというと、試合前のリング上で毎回2時間ほど基本を教わったことと、小さなリングのあるカラテ道場で2日間の合宿を行っただけである。入門から4か月後にはデビューしたので、それまでに確か4シリーズ。おそらく30回とリングに触れていないはず。いまにして思うと、「プロレスラーもどき」もいいところなのだが。

それでも、デビューから1年ほどが過ぎたころ、ＩＷＡは、谷津嘉章《やつよしあき》さんが運営していたSPWFという団体の道場を週3回借り始めた。東京メトロの東西線・早稲田駅からほど近く、リングと簡単なウエイト設備がある道場だった。このころ、オレは新宿のIWA事務所で雑用のアルバイトをさせてもらっており、そこからほど近い早稲田まで週に3回、必ずかよっていた。

しかし、IWAにはコーチ役のレスラーが存在しなかったことと、同期や後輩は皆それぞれ他所《よそ》でアルバイトしていたため、頻繁に顔を出すこともなく、オレはほぼ毎回一人で「苦しくなったらやめる」程度のことしかしていなかった。

日に日にだんだんだらけてくる。そのうちふと気が付くと、気合の入らない運動をチンタラこなしているだけなのであった。そうしてわかった、教えてくれる人や、仲間もいてこその道場なのだ、と。

ルチャの稽古はアマレスの組み技が重点

IWAをやめ、メキシコへ渡ったオレは、現地の道場でみっちりしごかれた。

メキシコは日本のボクシングのように、お金を払えば誰でもプロレスを教われる、いわばジム制なのだが、レスラー志望であれば、一般人だろうとなんだろうと、やさしく教えるなんてことは決してない。

稽古の激しさや厳しさでは、いまなお世界の道場でもトップクラス。なにしろオレが暮らしていたメキシコシティでは、標高2700mの酸素が希薄な中で、ジャンプを中心とした「いつ終わるのか終着点がまったく見えない」基礎体に始まり、マット運動、受け身、アマレス、プロの技術反復などで骨の髄までしごかれるのだ。

ルチャというと、日本では飛び技中心と思われがちだが、稽古では「ルチャ・オリンピカ」と呼ばれるアマレスに多くの時間を割く。最近の日本やアメリカでは、組み技格闘技の経験がない選手も多いが、メキシコではプロライセンス取得のうえで必修科目となっているので、誰もがしっかりとしたアマレスの下地を兼ね備えているわけである。

さらにメキシコの稽古は、なぜか朝から始まる。プロの選手しか立ち入ることのできないルチャの総本山アレナ・メヒコのジムでは、まだ体が目を覚ましていない朝8時からの稽古を毎日義務付けられていた。

昼には長距離バスに乗って試合へ行かなくてはいけない日であろうとも、夜中遅くに帰ってきた翌朝でも、稽古に出ない者はブッカーが試合を組まないシステムなので、出るしかないのだ。

毎週水曜日には、メキシコシティよりも標高の高いトルーカという山へ車で連れて行かれ、山道を1時間以上走らされる。こうして鍛え込まれたメキシコの選手たちの基礎体力の高さは凄まじい。特に心肺機能。たまに標高の低い場所で試合をすると、普段いかに酸素の少ない中で鍛えられているかがよくわかる。

そして、メキシコの道場では、日常面でもマインドが鍛えられる。言葉の問題、習慣の違いからくる様々な障壁も数多い。

オレ的に、メキシコでいちばんきつかったのは、人々がとにかく時間を守らないことであった。例えば、「この時間から一緒に稽古をしよう」なんていう約束を交わしても、彼らは時間通りにはまずやって来ない。そのくせ、なぜか、もう帰ろうかと思い始めるとひょっこり現れるのだ。

一度落ちてしまったテンションを、怒りを噛み殺しながら再び上げ直す作業。そうして鍛えられた者は、強靭なマインドを身に付けられるか、あるいはメキシコが嫌いになっていくかのどちらかだ。ちなみにオレは最終的に嫌いになってしまったほうだが（いまでは元に戻っている）。

肉体を追い込んだ向こうに魂の鍛錬は存在する

ここで、ジムと道場の違いについて。マルタ共和国に初のプロレス団体「プロレスリングマルタ」を創設し、全日本プロレスにも頻繁に来日していたギアニー・ヴァレッタの言葉を紹介する。

『肉体を鍛える場所はジム、魂を鍛える場所は道場』

プロレス哲学史に残すべき名言である。この言葉はジムと道場の違いについて最も的確に言い表しており、オレも好んで使わせてもらっている。この言葉に従えば、メキシコのジムは、まぎれもない「道場」である。常に己の限界以上に挑み、先輩に鍛えられ、同輩と競い合うことで、肉体だけでなくおのずと魂も成長する場所。それが道場なのだ。

肉体を追い込んだ向こう側にこそ、魂の鍛錬は存在する。

どういうことかというと、通常、ジムでは大きな声を張り上げたり、器具を乱暴に扱うことはできない。ほんの少し前までは、体育会系の人たちばかりが集まる場所だったので、そういう光景も当たり前だった。いまでは若い女性も気軽にかよう場所に変わったので、「会員さんが怖がるから」という理由で禁止されているのである。

しかし、肉体を限界まで追い込むさいには、大きな声を絞り出す必要がやはりある。そうでなくては、最後のクソ力を発揮できない。そして、投げつけるように器具を手放すことだってある。極限状態まで追い込むと、摑んだ手からバーベルがずり落ちてしまいそうになることもあるからだ。

最後に力を絞り尽くす極限状態を経験してこそ、精神力も鍛えられる。プロレスの道場では、常に誰もが気合の声を張り上げ稽古している。特に新人。高回数のプッシュアップやスクワットなども、高回数に達してくると大声を張り上げ、自身を鼓舞することが常である。

そういうことをできないのがジム、できるのが道場。そうすると、こんな仮説が成り立つかもしれない。

ジム＝日常空間
道場＝非日常空間

ところでジムでは、落ちた汗は必ず拭くなど、細かい公共ルールがたくさんあるが、プロレス道場では滝のように流れ落ちる汗もお構いなし。最後にまとめて掃除するのが、一般的である。

オレが日本で初めて本物のリングに触れたのは、大阪にあった栗栖《くりす》ジムだった。ジムの会長は、元新日本プロレスの栗栖正伸さん。リングのある、レスラー養成所的なジムだった。

オレは大学卒業後、ＩＷＡ入門までの数か月間を電話金融会社で働いていた。その会社の研修センターが大阪にあったので、研修のため呼び出されると、必ず栗栖ジムで稽古させていただいた。おんぼろリングでの稽古経験は、大学2年生の春休みに訪れたメキシコですでにあったのだが、栗栖ジムで触れた初めての本物プロ仕様のリングに、それは興奮したものである。

初めて稽古をさせていただいた日。栗栖さんが「リングの上でスクワット500回やれ！」と言うので、オレは喜び勇んでタオルを手にリングへ上がった。すると栗栖さんが、「おい、なんだよ、そのタオルは？」と、睨《にら》みつけられたうえに詰め寄ってくるではないか。オレとしては汗が落ちたら拭くものだと思い、気を利《き》かせたつもりだったのだが、栗栖さんは「バカ野郎！　そんなことする必要あるか！　どんどん汗かきゃいいじゃねえか！」と。

プロレス道場では細かい気遣いなど不要、ということのようであった。確かに、滴《したた》る汗など気にしてはいられない。それがプロレスの稽古というものである。

一人でやれる練習を道場でやるのはもったいない

ここまで読んできて、気が付かれたかたも多いと思うが、オレは「練習」ではなく「稽古」という言葉を普段から用いている。オレ的に、練習と稽古では中身が大きく異なるのである。これは完全に独自の勝手な解釈だが、

「体力を積み上げるのは練習、技術を積み上げるのは稽古」

そんなイメージである。初心者に必要なものは練習、上級者に必要なものは稽古ということでもある。オレは、入門したての初心者には基礎体力を積み上げる「練習」の仕方から教えるが、すでにデビューしている選手を教える場合には、「練習」をほぼやらせない。

初心者でも、入門から半年も経過したら、ほぼ「稽古」しかやらせない。なぜかというと、基礎体力運動は、稽古以外の時間に、自分でやっておいて当然と考えているからだ。そうでないと、せっかくの時間と環境がもったいない。

ある時期を境に、オレはそう考えるようになり、いまに至るまでその考えは変わらない。

いつ、そのような考えになったかというと、ＳＭＡＳＨとＷＮＣをプロデュースしていたころ。元ＵＷＦの田村潔司《きよし》さんが保有していた「Ｕ－ＦＩＬＥ ＣＡＭＰ道場」に間借りしていた時期からである。

会社から家賃を払ってもらい、使用できるのは週に3回、2時間ずつのみ。リングがあり、技術的スキルを高められる環境の中で、しかも、せっかく都合の合う時間に何人もが集まれた中で、スクワットやプッシュアップのように、一人でやれる運動に時間を割くのがもったいないと考えるようになったのだ。その考えはいまも変わらない。

一人でやれる練習は、自分と向き合いながら、一人でコツコツ積み上げていくものだ。ただ、一人でやるがゆえに、ともすれば自分を甘やかしてしまう可能性もある。そんな中でもきちんとこなすことで、やり遂げる精神力が培《つちか》われるとオレは思う。

これまで育ててきた弟子たちにも、ある段階を過ぎたら道場では稽古しか行っていない。彼らはきっと、一人どこかでコツコツと練習を積み上げてきたはずである。

ただ、初心者と上級者が一緒になるクラスを請け負ったさいは、上級者にも練習をしていただく。後輩に圧倒的な先輩の体力を見せつけるいい機会……のはずだからだ。

日本が世界に誇る「寮」という生活システム

さて、メキシコから日本へ戻ったオレは、大日本プロレス所属となり、常設された道場に加えて初めての寮暮らしも経験することになった。大きな倉庫を改造して道場として用い、その端っこに増築した2階部分の12畳ほどの大部屋が、寮となっていた。

当時は、山川竜司、アブドーラ・小林、藤田ミノル、本間朋晃など総勢10名ほどが住んでいた。部屋にぴったりと布団を敷き詰め、寝息やいびきを顔の真横で聞きながらの共同生活だった。

稽古のあとには、交代でちゃんこをつくり皆でつつく。寝食を共にする生活を送っていると、人間には絆《きずな》が芽生える。このころ一緒に過ごした彼らとの間には、一種特異な絆をオレはいまでも勝手に感じている。

こうした日本の「寮」というシステムは、世界でも実に珍しいものである。家賃は割り勘で、皆でアパートに住んでますという話なら、海外でも聞いたことはあるが、団体が住居を提供する例は、日本以外では聞いたことがない。WWEでは近年、パフォーマンスセンターというレスラー養成機関をフロリダに構えているが、住む場所は各自それぞれが見つけて、その家賃も自腹である。

海外における唯一の寮といえば、メキシコでウルティモ・ドラゴン校長が経営していた「闘龍門《とうりゅうもん》」であろう。レスラーを、それも国内ではなく海外で、「会費をもらう」ことによって食と住の手配をしながら、育成するシステムである。団体と個人間レベルでは、海外在住の日本人選手に若手選手をあずけるなどの例は昔からあったが、それを一般人相手のビジネスにしたのは、日本ではウルティモ校長が初めてである。校長のこの発明によって、「お金をもらってプロレスを教える」という概念が、日本でも一気に広まることとなった。

これは「スクール制」というもので、いまでは多くの団体が採り入れている。要は海外のジム制と同じことなのだが、日本のプロレスはもともと大相撲から派生しているので、「親方が面倒を見る」という家父長制の発想であったり、全員一緒にバスで移動するなどの集団生活が長い間の常識だった。

お金を貯めて「自腹」で海を渡る＝修行

いまでも大手団体に根強く残る、そういった日本独自のシステムは、すべて自分で手配しなければならない海外のレスラーたちにとって、至れり尽くせりの天国である。なので、海外から多くの若者たちは、そんな日本で修行しようと、「自腹で」日本を目指してくるようになった。

オレがイタリアから全日本プロレスに招いたフランシスコ・アキラも、前述のギアニー・ヴァレッタも、初来日はともに自腹だった。実力未知数で、集客力のないガイジンが来日する場合、飛行機代は自腹というのが、いまでは常識となっている。

それは逆もまた然りで、オレが若いころにメキシコへ渡るさいは常に自腹だったし、海外で試合をする日本の若いレスラーも、よっぽど特別な関係性でもないかぎり自腹のはず。集客＝お金にならないのに、高い飛行機代を出すプロモーターなど、どこにもいないからだ。

しかし、そうまでしても、プロレスラーを目指す者は、海外で闘ってみたいと思う者が多い（中には例外もいるけれど）。そのためにお金を貯め、海を渡る。修行とはそういうものである。

九州プロレスでも、寮には海外からの留学生が常に何名か滞在しているが、彼らも全員自腹で来日している。それでも留学希望者は、あとを絶たない。海外へ呼びかけ始めたばかりのころには、希望者が多すぎて収拾がつかなくなってしまったほどだった。まだ知名度もない彼らにとって、遠い日本で試合をしたという実績は、プロモーターに自分を売り込むさいのヴァリューを一気に高めてくれる、最高の材料となるのである。

そんな彼らに対し、こちらも気合を入れて指導をするのだ。

MWF
MWF

第6章

いまプロレスでカネは稼げるのか

月給10万円を超えなかったインディー時代

プロレスラーを職業に選んだ以上、切り離すことができないのが、お金の話である。

世の中の道徳基準や価値観は、絶えず変化している。かつては新人がお金の話なんかしたら、先輩に殴られたかもしれないが、いまではそれも当たり前になった。オレがＩＷＡジャパンに入門したさい、「当面はバイトしないと食っていけないから」と面接時点で会社から言われたものだが、プロレス界に入ると決めた以上、それ以外の仕事はしたくなかったので、団体のオフィスでの雑用もすべてこなすから入れてほしいとお願いし、練習生兼雑用係として居座らせてもらっていた。

のちになって、「いきなりカネの話を始めたから、とんでもない練習生だと思ったよ」と某先輩から聞かされたのだが、いまでは入門時点で、お金の話をハッキリと問いただしてくる若者はけっこう多い。オレ的にはそういう子のほうが、むしろ、こう感じる。

「人生に対し無責任でなくていいな」

IWAオフィスでの雑用係としての給与は、7万円だった。朝10時に始まり、夜はいつ終わるかの決まりはなし。チケットにスタンプを押したり、試合会場の席番表を作ったり、宣伝テープを吹き込んだり、ガイジン選手の空港への送迎もあった。

普段はそれほど忙しくはなく、電話番だけの日なんてこともあったのだが、シリーズが近づくと突然多忙になる。それでも、この雑用係によって、プロレス団体の裏側を学ぶことができたのは、貴重な経験となった。その後、オレがプロデュースする側に回ったさいにも、様々な面で大いに役に立っているはずではある。

入門から4か月後に、オレはデビュー戦を迎えると、7万円の給料に、一試合7000円が加算されるようになった。だが、IWAのシリーズは、多くてせいぜい5試合だったので、税金を引かれると手取りで10万円以上もらったことはなかったはず。

これを安いと考えるか高いと考えるかはともかく、おそらく一試合5000円以下で、不定期で試合をしている選手がほとんどだった、当時のインディーの状況を踏まえれば、相当にラッキーだったと思うのだ。何しろ、プロレス以外のことに手を染めなくていい、それだけで充分に幸せだった。カネはなくとも幸せな世界。最後まで10万円前後のまま、オレはIWAをやめ、メキシコへ渡った。

プロレスラーを目指す有形・無形の理由

メキシコのCMLLに参戦したオレは、全国放送されるTV中継に毎週登場できるポジションで闘っていた。TVに出る選手は地方へ呼ばれることが多いので、

プロレスを生業にしていくには、カネへの欲求が不可欠だ。

試合数自体も多かった。多い週には8試合以上こなしていた。日曜日には数試合掛け持ちなんてこともメキシコでは珍しくないので、そういうことが起こり得るのだ。

なので、そこそこ稼げた。いくらほどかというと、当時のレートで日本円にして最高10万円。まだ物価の安かった時代のメキシコである。時々贅沢な日本食を食いにいっても、毎月トントンくらいでいられたことから、「これでオレも本当のプロだな！」と、次元の低い自己満足にほくそ笑んでいたものである。

この時代は最高に楽しかった。もしもタイムマシンに乗って、プロレス人生の好きな時代へ戻れますよと言われたら、迷うことなくこの時代を選ぶ。そこそこ稼いでいた（低次元だが）からではない。安宿で一緒だった貧乏な日本人の仲間たちと過ごす時間が楽しかったのだ。

「ペンション・アミーゴ」というその安宿。泊まっているのは、日本ではまともに生きていくことのできない若き社会不適合者のようなヤツらばかりだった。そんな連中と、毎晩のように飲んだくれた。そんな生活が楽しかった。
そして、街を歩けば、ほとんどの人がオレを知っている。ＴＶの力。何よりも、毎日のように試合をして、プロレスにどっぷり浸かって生きていける。日本にいたころよりも数段も本格的な世界で、だ。それだけで幸せだった。プロレスに携わるうえでの意識の比重が、稼ぐことよりも他の部分にまだまだ傾いていた時代。オレも若かったのだ。
若者がプロレスラーを目指す理由。そこには無形の理由と、有形の理由があると考えている。無形の理由は、

「好きだから」

「かっこいい自分になりたいから」

など、自分だけの価値観に基づくもの。有形の理由は、ズバリ言ってしまえば、

「金持ちになりたいから」

である。

しかし、長い年月をプロレス界で生きていると、当初は圧倒的に大きかった無形理由が、まるで大地に溶け込んでしまって、それは常に根っこの部分に存在してはいるけれども、意識することは徐々になくなっていく。逆に、当初は「そうなれればいいな」程度の大きさでしかなかった有形理由が巨大化してくる。この法則が、多くのレスラーに見てとれる。

オレの場合、その法則が発動したのはキャリア4年目。メキシコから帰国して大日本プロレス所属となり、まもなく2年が経とうとしていたころである。

大日本でやり続けていては、将来が……

大日本での契約は、5万円の月給プラス一試合7000円の試合ギャラだった。IWA時代よりも固定給は落ちたが、大日本の一つのシリーズは10〜14試合と長かったので、平均すると毎月15万円ほどにはなっていただろうか。

他のインディー団体と比べて悪いギャラではなかったとはいえ、契約当時のオレはすでに24歳。2年近く所属し、27歳が見えてきたところで、有形理由が日に日に巨大化し、プレッシャーをかけてくるようになった。そのきっかけとなったのは、新日本プロレス参戦である。

「BEST of THE SUPER Jr.」に参戦した日、オレは大日本と新日本の掛け持ちで25試合をこなした。最終的には、肝臓のあたりにビリビリと痺《しび》れが生じるほど肉体と精神を酷使していた。

シリーズを無事に完走し、給料日を迎えた。基本給5万円＋7000円×25試合＝22万5000円から税金を引かれ、確かギリギリ20万円だった。当時の大日本の社長だった（グレート）小鹿さんは、「タズルぅ〜、金持ちになってよかっただにい～！」と得意げな顔だったのだが……。

会社には新日本からそこそこの額が入金されているはずなのだが、それはすべて小鹿さんの懐《ふところ》に流れ込んだわけである。


無理だ、ここでやり続けるのは。将来、生きていけなくなる……。

こう思ったことには、新日本でのツアー中、「レスラーとはこうあるべし」というお手本のような新日本所属選手たちの生活っぷりを目《ま》の当たりにしていたことも大きかった。彼らは小綺麗な服を着て、店では買いたい物を躊躇なく買っていた。当時の大日本にこのままいては、自腹で行ける日なんて永久にやってこなそうな焼肉屋にだって、彼らは当たり前のように入っていたのだ。


オレがプロレスラーを志した本来の目的はなんだったか。

メキシコで浅井さん（ウルティモ校長）のように成功することだったはずだ。

そのころの浅井さんは、アメリカのＷＣＷにまで進出していた。当時のオレにはまだアメリカ志向はなかったけれども、とにかくメキシコで浅井さんくらいに成功すれば、なんらかの道が開け、お金だって入ってくるはず……。それまでは憧れだけで訪れていたメキシコへ、「カネを稼ぐため」に渡ろうと決意した初めての瞬間だった。

ＥＣＷ崩壊で胸に誓った「あること」

誰にも告げることなく大日本を飛び出したオレは、再びメキシコへ渡った。しかし、オレを待ち構えていたのは、経済状態が異様に悪化し貨幣価値が大暴落した、かつてとは全然違うありさまのメキシコだった。

本国の人間に仕事がないのに、外国人になぞなおさらあるはずもなく、試合はめったに組まれなかった。このころの平均試合数は、週に2回。どちらも当時の邦貨で1500円程度のギャラしかもらえなかった。

そんな期間が半年以上も過ぎたころ。日本から持ってきた蓄《たくわ》えはみるみるうちに底をつき、とうとう来月の家賃を払ったら一文なしになってしまうところまで落ちぶれた。

結局、そのタイミングでアメリカのＥＣＷから声がかかり、九死に一生を得るのだが。

そんな不景気なメキシコで、地元選手はいったいどれくらい稼げていたのだろうか。アメリカへ渡る直前、メキシコ最後の試合として、サーカス小屋で開催されたメインの６人タッグを闘ったのだが、オレのギャラは30ペソ、邦貨で約２４０円だった。

そのとき、オレと組んでいたメキシコの国民的英雄（本人の名誉のため、あえて書くがエル・イホ・デル・サントではない）が、たったの１００ペソ＝約８００円だったのをオレはこの目でしっかりと確認している。それは、きっと極端な例だったとは思うのだが、誰もが不景気にあえいでいた中、金満大国アメリカへ渡れることになったオレは本当に運がよかった。

そんな紆余曲折《うよきょくせつ》を経て、初めてまともに食えるようになったのはキャリア5年目、ECWと契約して以降のことである。それでも当初は、たいしてもらえていたわけではない。毎週750ドルからのスタートで、その後、半年ごとに250ドルずつアップしていき、「最後は1500ドルまで上げますよ」という約束だった。当時のレートで言えば、月収約40万円から始まり、最後は80万円ほどといった具合。

もっとも、メキシコから極貧状態でやってきたオレにとっては、月3000ドルからのスタートというのは信じられない額だったのだが、それはまだ若かった当時だから思えたことだ。

そして、月日は流れ、やっと80万円をもらい始めた矢先、ECWは経営状態が突然悪化し、最後は4か月もの給与未払いを残したまま、とうとう崩壊してしまうのだ。未払い金は320万円ほど。最後のショーは、会社のボスだったポール・ヘイマンから「ギャラは出ないぞ」と念押しされていたものの、ECWに対して多大なる恩義があったことと、このとき「あること」を胸に誓っていたこともあって、オレは最後のショーでも闘った。その「あること」こそが、この章のテーマである。

最高峰WWEのお金の仕組みを話そう

ECWの崩壊を経て、オレはついにWWF（現WWE）からスカウトされることになる。そこから念願の高収入レスラーへの道が開けるのだが、実はECWに所属して1年後、TV王座を保持していたころにも一度、WWFから3年契約のオファーをもらっていた。

そのころのオレは、ECWこそがいちばんであるとの誇りを胸に抱いており、「ECWをWWF以上の組織にするんだ」と意気も上がっていたので、提示されたギャラはECWよりも高額だったが、丁重にお断りさせていただいた。

大きくなっていたはずの前述の「有形部分」の逆転現象である。そういうことも、長いプロレス人生には、ままあること。人間というイキモノ、常にお金のためだけに生きていくわけではないことの証明でもある。

さて、WWFと契約してからは、オレにとっての有形世界が大きく変わった。具体的な年収はファンタジーのまま残しておくとして、ここでオレが在籍していた当時のWWF（ここから以下、WWE）の収入形態について解説しよう。

退団する2005年まで、ギャラは毎週小切手で送られてきていた。その小切手のことを、我々選手および関係者は「チェック」と呼んでいた。チェックを各自銀行へ持っていき、個人口座へ振り込むというシステム。2017年に再度、WWEと契約したときには、銀行口座へ直接振り込まれる近代方式に変わっていた。明細は郵送されてくるけれども、それが届くころには、すでに口座へは入金されていた。

ギャラは基本的に「固定ギャラ÷12（か月）÷4（週）」が毎週、確実に支払われる。どうして「基本的に」かというと、契約形態は選手ごとに異なるからだ。それこそ、十人十色。全選手共通の基本ギャラ自体が存在せず、3か月ごとに内容を見直す契約もあると聞いたこともある。

ツアー中のレンタカー代は会社が払う。あるいはホテル代は会社が払う。さらには、例えば、「私は将来、レスリングスクールを開きたいので、契約期間中に始められたら、そのさいは個人の副業収入として完全に認めてもらえる」と記載されているものもあるのだとか。

とにかく全員が全員、契約内容は異なるのだ。これは、プロであるならば当然のことだとオレは思う。それぞれがそれぞれの条件に則り、個々の事情や能力に応じた契約を会社と交わす。

日本の企業だったら、「あいつの副業だけ認められてるのはおかしい！」「キャリアは同じなのに、なんであいつのほうが俺よりもらってるんスか!?」など、誰かが必ず言い出すものだが、WWEにまで到達できる選手はマインドが完全にプロなので、そういうことを言う者は一人もいない。

「人生変わった！」と思えたプロフェッショナル空間

最も数が多かった基本的な契約形態（オレもこれに当てはまっていた）は、前述の「固定ギャラ÷12÷4」が毎週必ず送られてきて、プラス、その週のTVショー（TV中継あり）とハウスショー（TV中継なしで会場のみ）の観客数に対する一定割合に応じたショーギャラが加えられるというものだ。その合計数字が記載されたチェックが毎週届く。

オレがいた当時は、TVショーよりも、入りのいいハウスショーのほうが金額は断然大きかった。在籍初期のころ、TVよりもお客さんが入ったどこかのハウスのメインで、ロック（＝ザ・ロック、ドウェイン・ジョンソン）やストーン・コールド（・スティーブ・オースティン）にHHHらと絡んだ10人タッグに出場したことがある。そのときは、たったの1試合で邦貨100万円以上の額が記載されていて、「人生変わったな」と実感したものである。

ちなみに、その週は、ハウスが他に2試合とTVショーの合計で、邦貨300万円近くのチェックが送られてきたはずだ。人生、夢の中のような時期であった。

さらに、PPV（ペイ・パー・ビュー。料金を支払って視聴する動画配信システム）に出場すると、1か月ほどしてからPPVチェックが毎週のチェックとは別に送られてくる。これがデカい。特に年間を通じての最大興行であるレッスルマニアや、サマースラム（4大PPV大会の一つ）ともなると、額が大きい。なので、誰もがPPV出場を狙っている。

しかし、メインストーリーに絡んでいないと、出場することはかなり難しい。PPV前の予告番組の最後に流れる試合でも、出場すればそこそこな額が支払われる。もしも日本で、特定の大会に出たか出ないかで、そこまで収入に差がつくことがあろうものなら、「不公平だ！」と訴訟を起こす者が現れるかもしれない。

ＷＷＥはそこが違う。億万長者も、そこそこしか稼げない者も、同じ会場で同じメシを食い、普通に会話を交わし、誰もが平然と接し合っている。皆、とことんまでマインドがプロフェッショナルなのだ。

グッズ売上5年分の不労所得で家族4人海外旅行3回

そして年に3回、マーチャンダイズのチェックが届く。いわゆる不労所得である。何もしなくてもお金がいただけるのだ。Ｔシャツ、フィギュア、ＤＶＤなど、肖像権が用いられたグッズの売上から一定のパーテンセージが入ってくる。

オレは在籍期間中、それほど多くのグッズが作られたわけでもなかったので、Ｔシャツやフィギュアの額はいつもそれほど大きくはなく、唯一大きかったのはコンピューター・ゲームである。それこそ、新車が余裕で何台か買えるほどの額。何もしていないのに、である。

このゲームもＰＰＶと同じで、選手の誰もが起用されるわけではない。そこそこの人気選手や、会社から「今後も使う」ことが予定されている者のみだ。

マーチャンダイズの契約も各自まちまちで、一生支払われ続ける者と、そうでない者がいるようなのだ。かつて所属していた某日本人選手から、「もう俺にはマーチャンダイズ来てないよ」と10年ほど前に聞かされ、そういうものなのだと初めて知った。

オレにはいまだに契約通りに、マーチャンダイズの小切手が年に3回、途絶えることなく送られてくる。死ぬまで（死んでも？）支払われる契約に「知らずに」サインしていたわけである。

どうして「知らずに」だったかというと、英語で書かれた厚さ5㎝ほどの契約書なんて、オレは一度も目を通したことがないからである。オレはＷＷＥを信用しきっていたから、最初におおよその内容を聞いただけで、サインしていたのである。

ＷＷＥを退団して18年（２０２４年1月現在）。正直、もうたいした額が届くわけでもない。それでも円安の昨今、ＵＳドルでの不労所得があるだなんて、たとえ1ドルだろうとありがたいものだ。現在のチェックの内わけは、主に過去の試合映像の肖像権である。それでも、チリツモの素晴らしさを実感している。

オレは日本に帰ってきた当初、東京の八王子駅近くのマンションに住んでいたのだが、長男が小学校に入る前に一軒家を買った。そのさい、ＷＷＥに新たな住所を知らせたのだが、それがなぜか変更されておらず、確か5年間ほどチェックが届かなくなった。その後、何かの連絡がＷＷＥから来たときに、「新しい住所です」と伝えたところ、過去5年分ほどのチェックがまとめて送られてきたことがある。換金していなかったので、そのままＵＳドルで積み立てられていたのだ。

その額がけっこうあった。天の恵みというか、これを元手に家族4人でタイとロサンゼルス、パラオと3度も優雅な海外旅行をしてしまったほどの額だった。不労所得で。

別にオレは、自慢したくてこういった話を書いているわけではない。ちょっとプロレスに詳しい人なら誰もが知っていることなので、少しも気にせず書いてしまうが、いまの日本のプロレスで、いや、世界のどの国でも、よっぽどのメジャー団体に所属するか、あるいはメジャーを経由したフリーにでもならないかぎり、大金持ちになることは難しい。それはいまも昔も同じである。

エンタメに限って言えば、どのジャンルも同様であろう。つまり、

芸の世界

ということだ。だから、プロレスで稼ぎたいと願う若者は、絶対にアメリカを、最終的にはWWEを目指すべし。そういうことがオレは言いたいのである。

最近ではWWE以上の資金力を誇るAEWも出現し、選択肢と競合によってレスラーの価値が上がる機会が増えたのは、素晴らしいことである。

DSE時代のハッスルはバブリーだった!

話を戻す。そんなWWEを自ら退団したオレは、日本へ戻ってくる道を選んだわけなのだが、周りの人たちからは一様にこう言われた。

「あんな高給な会社、やめないほうがいいんじゃないの!?」

しかし、アッサリやめてしまうのだ。なぜなら、オレはその時点で、今度はプロデュースする側に回りたいという願望を抑えきれなくなっていたからである。

いまにして思うと、世界最高峰の団体で5年間やり尽くしたことで、選手としての達成感をある程度得てしまっていたのかもしれない。お金を優先するか、やりたいことを優先するか。人間には様々なタイプがいるものだし、時によって様々な選択をしたりもする。

日本へ戻り、入団した先はハッスルだった。新日本からも全日本からも所属のオファーはあったのだが、ハッスルだけは選手としてだけではなく「つくり手」としても加わってほしいとのことで、それが選択の理由だった。

給料は月給制だった。提示された額は、月に100万円。それが高いとも思わなかったし安いとも思わず、判別のつかなかったオレは、闘龍門を主催していた浅井さん（ウルティモ校長）に電話して尋ねた。すると「そんな給料出してくれる団体なんて、いまの日本じゃどこにもないぞ！」とのことだったので、その額で了解し契約を結んだ。

しかし、実はハッスルが儲かっていたわけではない。当時、フジテレビで放送され人気最盛期だったPRIDEを主宰していた、親会社のDSEが儲かっていたのである。

DSE時代のハッスルは、ギャグ漫画のようにバブリーな会社だった。その最盛期には週に1度、代官山か麻布あたりで朝まで酒盛り。都心から電車で1時間以上かかる八王子に住んでいたオレには、朝帰りのタクシー代が支給された。移動の新幹線はグリーン車。コスチュームの経費も、すべて会社持ち。次の大会までに係の者が洗濯までしておいてくれる。至れり尽くせり。

さらに、いちばんバブリーさを感じたのは、PRIDEラスベガス大会を「アメリカでの放送用にカメラで一瞬だけ抜く（撮る）から、リングサイドで観てきてくれ」とビジネスクラスのチケットを渡され、ヒルトンホテルに5泊してきたことである。

しかし、そんなバブリーな宴は長くは続かなかった。

オレの入団から2年もたたないうち、反社的なスキャンダルからDSEは崩壊してしまう。資金元を失ったハッスルは、山口日昇《のぼる》社長を軸に再建を試み、しばらくの間は健闘したものの、最後は運営しているのかいないのかよくわからない状態がズルズルと続き、ついに終焉の時を迎える。

最後は当然、給料未払い。確か半年ほど無給生活が続いたのだったか。そのころになると山口社長は雲隠れ状態で、電話をしても出てくれることはまずなかった。

しかし、ある日、自宅近くの河原で犬を散歩させていたオレは、どうせ出ないだろうと思いつつも、なんとなく山口社長に電話をしてみた。すると、出たのだ。普通の声と態度で。

反射的に、「少しでもいいからお金振り込んでいただけないですかねえ？」とお願いしていた。すると「わかりました」と。絶対に振り込まれるはずがない。そう思いながらも翌日、銀行のＡＴＭで通帳記帳してみた。すると、１００万円が振り込まれていたのだ。それこそポーン！　と１００万円が。

いま思い返してみても、異次元世界での出来事のようだった。あらゆるものを含めると、ハッスルからの未回収額はトータル８００万円を超えている。とはいえ、文句は何一つとしてない。なぜならＤＳＥから離れたとき、髙田（延彦）総統をはじめ、オレたち全選手および関係者は、「ハッスルを続けたいから、社長になってほしい」と、山口さんに懇願して社長になっていただいたのだから。

そしてオレは、このときも誓っていた。ＥＣＷが崩壊したときと同じことを。
それは何か――。

「人生の武器」となるＴＡＪＩＲＩの言葉

さあ、ここからが本題だ。二つの団体崩壊のさいの、ある誓い。その誓いは、その考え方は、どの世界で生きる人にも、今後の人生における大いなる武器たり得ると思うのだ。オレは、こう考えていたのである。

「いつかこの経験を、文章やトークでファンに伝えることにより、未払い分を絶対に回収してみせる」

――と。ＥＣＷ崩壊の時点で、ぼんやりとだが、オレは予想していた。いつか本や連載を書くであろう未来の自分を。文章なんて、大学の卒論以来、一度も書いていなかったにもかかわらずである。なのに、どうしてそんな未来を予想していたのか。

それはおそらく「伝えたかったから」だと思う。日本のメディアには、まったくといっていいほど取り上げられることのなかった、オレが在籍していたころのＥＣＷを、そこでの自分の活躍を。日本人として初めてＥＣＷ世界ＴＶ王座を獲得したときも、それが日本で報じられることは一切なかった。だから「伝えたい意識」が強かったのだろう。そこにいつしか、「ならばオレが書く」という無自覚な意識が、地下水のように潜在意識へ着々と脈を広げていたのではないだろうか。

その後、ＷＷＦ（当時）と契約し、週刊プロレス別冊『アメリカーナ』を編集していたフミ斎藤さんから、「アメリカでの生活ぶりを書いてほしい」という初めての原稿依頼をもらったとき、実はオレは「とうとうその日が来た！」と、思考が実現したという感激を持って、そのオファーを受け入れたのである。で、ここで肝心なこととして語るべきは、潜在意識活用法ではなく、こういうことである。

「身の回りに起きることすべてをお金に変えるのがプロ」

長いことプロレスを続けていく過程では、オレがECWやハッスルで経験したような不測の事態も、いつか起きることがあるかもしれない。そういうときに、この考え方が骨身に染みるほど理解できていれば、どんな状況をも「いつかお金に変えてみせるんだ」と笑って受け止められると思うのだ。

実際、オレはWWE時代に、ECW崩壊劇を連載と書籍に書くことでお金に変えた。その経験があったので、ハッスル崩壊のときは日々凋落していくさまをしっかりと、細かいところまで観察していた。ただ漠然と見過ごしていたら、記憶に残っている当時の情景はもっと少なかったはず。その結果、いまもこうして商売にできている。

こうしてプロレスラーは（おそらく他の職業のプロフェッショナルの人も）、自身のよくない経験であろうとも、それをなんらかのかたちでお金に変えることができるのだ。

その意識があるかないかで、プロレス人生のその先の人生に、かなりの開きが生じてくるような気が、最近ではしている。ただし、そこには、こんな揺るぎない信念が必要だ。

「オレの未来は絶対に明るい」

たとえ山が崩れようとも、海が裂《さ》けようとも、その確信を絶対不変に己の中で抱き続けることが条件となってくるのだ。それでも、プロフェッショナルを極めた者なら、それができる。できると信じる。

こんなことも、オレはこれまで育ててきた弟子たちにしっかりと伝えてきた。
そして、これからも伝え続ける。

第7章

コミュ力

プロレスラーに必須のスキル

幸福の「プロレス式コミュニケーション術」

どこの世界においても、他者とのコミュニケーションは非常に大切である。結局、最後に行き着くところはそこなのだ。もちろん、プロレスでも。人間たちで構成される組織において、他者と肌を触れ合わせ、心をかよい合わせ、しかも、それを他人の集合体であるファンに見ていただき、一体となることで初めて成立する。

すべての面において人間とのコミュニケーションが必須とされるジャンル

それがプロレスである。

見聞し、感じ、考えたことを伝えるのも、世の中におけるプロレスラーの一つの役割であるとするならば、そういったいわば「プロレス式コミュニケーション術」のようなものを伝えることもまた、プロレスラーの重要な使命ではないだろうか。使命なんていうのも、少々口はばったい。換言する。そういうところでもプロレスラーは「世の中のお役に立てるのではないか」と思うのだ。

この章では、コミュニケーション術もさることながら、プロレスラーだからこそ知り得る「あらゆることとの関わりから幸せになる方法」、そんな話を書いてしまおう。

まずは「人見知りを解消するには」という話から。

他団体に参戦するとき、海外へ行くとき、または国内の営業でも、プロレスラーは初対面の人と出会う機会が、なかなかに多い仕事である。となると、人見知りでは精神的にいろいろとしんどいものがある。かく言うオレも、基本的には人見知りだ。若手時代は他団体に参戦するたび、初対面の選手たちとなかなか打ち解けられずに苦労した経験もある。

それがだんだん緩やかになっていったのは、日本を飛び出し、海外を渡り歩くようになってからのこと。そんな生活になったのは27歳のときなので、かなりの歳まで人見知りだったわけである。

初対面の人の前では口数が少なくなるし、無理して多弁にふるまうも、途中でエネルギーが尽き果て、無口になることもしばしばだった。しかし、旅先では多くの人と出会うのが常なので、そんなことではメンタルが早々に疲弊してしまう。それを解消するにはどうしたらいいかを、真剣に考えた。そしてある日、突然出たのだ、答えが。自分なりの。

人見知りを解消する方法、それは「無理をしない」という結論だった。無理して打ち解けようとせず、人見知りは人見知りらしく、おとなしくしておけばいいのだ、少しも恥ずべきことではないという信念を持って。そうすると皆さん、「おとなしい人」としてオレを認識し接するようになってくるので、そっちのほうが断然楽であるという発見があったのだ。

人見知りではプロレスラーは務まらない。コミュニケーション能力は必須だ。

そして、おとなしい人が発する言葉は、誰もが実によく聞いてくれることに気付いた。つまらない冗談であっても、申しわけないほどの反応を示してくれたりもする。すると、いつの間にか、本来の自分の対人ペースにしっかりと乗れている。

人間はどんなことにも必ず慣れる。なので、肝心なのは、そこまでの間をどうやってやり過ごすかだと思うのだ。それを発見して以降、オレはメンタルがつらくなることもなく、他人と打ち解ける速度も急激に増したような気がしている。

九州のキリスト様・筑前理事長の得な性格

人見知りと並んで、「相手が自分をどう思っているか」と不要な詮索ばかりして気疲れしてしまう、あるいは損ばかりしてしまうという人も多いと思う。オレも以前はそうだった。それを解消する方法がある。

2023年、九州プロレスの筑前《ちくぜん》りょう太理事長と二人で韓国へ行ったさいの出来事から、その方法を解説する。

それは、ソウルのホテルで起きた。プロモーターとフロントの受付嬢が何やら押し問答をしている。どうしたことか、オレたちには部屋が一つしか用意されていなかったのだ。人間ができていないオレは、反射的に怪訝《けげん》な顔をしてしまったのだが、筑前さんは九州のキリスト様のようなおかたなので、「いやあ、ははは……！」と、ニコニコ顔でただひたすら笑っていた。

結局、空き部屋はなく。ひたすら謝罪の言葉を述べてくるプロモーターに、オレと筑前さんは「大丈夫ですよ」と、本心とは正反対の言葉を返して、部屋へと向かった。

「筑前さん、まいりましたね……」

「海外に来ると本当にいろんなことが起きますよね！　だけどタジリさん、この話もどこかに書いたらいいいんじゃないですか？　ははは！」

もはや開き直っていたオレは、すでにそういう腹づもりでいた。こうなったら、さらにとんでもないことが立て続けに起きてくれるくらいのほうが面白い。そんなつもりでいたのだが……それでもオレは、最後の希望にかけてもいた。

アメリカの高いホテルによくあることなのだが、部屋の内部が一軒家のように独立して、いくつかの部屋に分かれているケースがあり得るかもしれない。それが最後の希望だったのだが、部屋のドアを開けると……「なんだよコレ!?」と本当にそう叫んでしまった。シングルベッドが二つ、隙間なくぴったりと寄せられていたのである。

そんな部屋に、大の男が二晩も一緒に泊まるのは無理だ。筑前さんも絶対に同じことを思ったはずなのだが、そこは九州のキリスト様だけあって、誰を責めることもせず、ただ無言でベッドの脇に腰かけ、下を向いてスマホをいじり始めてしまったのだ。

「筑前さん、これはちょっとないですよねえ!」

「いやあ、ははは……」

オレは、すぐさまプロモーターに電話した。

「すみません！　ちょっとやっぱり……なんとか別々にできませんかねえ？」

すると「やっぱりそうですよね……なんとかします！」と一発で理解してくれた。

しばしののち、「別のホテルにもう一部屋とれました！」と連絡があった。筑前さんは「そうですか、よかったですねえ！」と、先ほどまでの笑顔よりも本物度が明らかに高いような気がした。結局、別のホテルへ筑前さんが移動し、一件落着。

「クレームの来ないプロレス」が氾濫する

そのとき、思ったことがある。

昔のオレだったら、ここできっと何も言うことができなかっただろうな、と。

プロモーターに気を使い、筑前さんにも「そこまで一緒の部屋がイヤなのかと思われないかな?」と気を使っていたと思う。

こういうことを平然と言えるようになったのは、実はここ数年のことだ。どうしてそうなったのかというと、歳を重ねるにつれ、途中経過に労力を使うことが億劫《おっくう》になってきてしまい、ある時期から何も考えず、思ったままを即、口にするようにしたら、たいへん楽なことに気が付いたから。ただそれだけである。

本当はイヤなのなら、頭のどこかにある、

誰かに気を使うスイッチを即停止してしまえばいい。

そして、言いたいことを後先考えず口にしてしまうのだ。そうすると、悪いことにはたいがいならない。

並大抵のことでは、人間関係って、そこまでたやすく壊れたりは決してしない。余計なことは考えず、自分の心に素直な言葉をさっさと口にしてしまう。それでいいと最近では思う。そうすると人生が楽になる。

……と書いていて、いま気が付いたのだが、もしかすると、SNSの空間に氾濫している、人を不快にさせる言葉の数々は、ある意味、これと近い構造が背後に隠されているのではないだろうか。ただし、こちら（SNS）は本当の「言いたいことを言うだけ」。しかも相手が存在しないので、言葉に気を使う必要もなく、酷い言葉でもなんでも選び放題。そして言い終えると、少なくとも反論が書き込まれるまでは勝った気分になり、ある意味では楽になる。

ちなみに、オレはここ最近、スマホの画面からSNSのアプリをすべて削除している。見るのは家でパソコンの前に座るときだけ。どうしてかというと、ちょこちょこでもそれを見る時間の積み重ねにより、一日の相当多くの時間を浪費していることに気が付いたからである。

有益なものであればそれでも構わないのだが、SNSで目にする情報のほとんどは人生に必要不可欠ではまったくなく、有益どころかむしろ精神に負の影響をもたらす不必要なものばかりである。

ニュースに対して書き込まれるコメントも同様。昔は「人様の話はよく聞くもの」で、それが当たり前の世の中だった。しかし、時々「あいつの言うことなんか聞いてもなんにもならない」と扱われる人がいた。そんな人による意見ばかりがズラリ並んでいる。それがネットの世界ではないだろうかと。

本来、世の中とはこういうものではないだろうか。

「『何者か』と認められた人の意見やお話以外、たいして価値がないと判断され、聞いてもらえないもの」

それがいまでは、何者でもない人間が、一応は人様の目につく場所へ、自分の言葉を投げ込むことができてしまう（まともな人であれば、そんな場所へ文句や悪口を書いたりは普通はしないし、実際してはいないと思う)。だからネットには、何者でもない人間による「負の言葉」が氾濫する。そういう構造なのではないかと。

かつてネットのそんな言葉が「便所の落書き」と称されたことがあったが、便所の落書きを事細かに読み漁《あさ》ったりすることなど、まさしく時間のムダだ。にもかかわらず、そんな便所の落書きみたいなものを、いまの世の中は非常に気にする。

テレビで発言する者も、普通に生きている者も、「ネットで叩かれたらイヤだから」という理由で言いたいことを言うことすらできず、曖昧な言葉でお茶を濁してしまうので、世の中がどんどん面白くなくなっているし、ダメになっている。

それはプロレス団体が提供するものについても同様で、とりあえずは無難に「クレームの来ない」プロレスばかりが氾濫しているように感じるのだが、どうであろう。

団体を去る理由、去れない理由

話をコミュニケーションに戻す。

どこの団体にも、浮いた存在という選手が、必ず一人は存在している。どういう選手がそうなりやすいかというと、自己評価と他人からの評価の落差が大きい選手である。簡単に言えば、たいしたことないのに自分ではすごいと勘違いしている選手。

どんなレベルの組織にもそんな選手が存在するのは、もともと人間が「評価されたい」「ほめられたい」生き物だからであろう。その落差が大きくなるにつれ、会社や他者に対する不満がどんどん膨らんでくる。そして、不仲となっていく。

そんな選手にならないためにどうしたらいいかは、本書の最終章で述べるのだが、ここでは、そうではない理由から会社をやめたいと考えている人について。いわば、会社との関わりの話なのだが、会社をやめたいと思うとき、その理由にはどういったものが挙げられるだろうか。

オレ自身、これまで数多くの団体をやめてきている。やめた団体ごとにその理由を列挙してみる。

◎IWAジャパン→いつまでも道場を作らないことと、メキシコへの憧れが抑えきれずに退団
◎大日本プロレス→金銭面への不満と、メキシコへの憧れが抑えきれずに退団
◎WWE→プレイヤーよりも、つくり手としての表現ができる側に回りたくなり退団
◎全日本プロレス→いまの自分にとって最適と思える九州プロレスと出会ったことにより退団

ECW、ハッスルは消滅だった。SMASHとWNCは自ら畳《たた》んだので、やめ

たカテゴリーには入らない。WRESTLE－1はコストカットの理由から、オレを含むベテラン選手5人が一挙に一試合いくらの契約にチェンジとなり、一応、そのまま関わってはいたところへWWEから誘いがあり、契約更新をしなかったので退団というかたちになった。

では、会社をスパッとやめてしまう人間とそうはできない人間。いったい何が違うのだろうか。

以前所属していた某団体で、オレが退団すると聞いた某選手が「自分もやめたいですよ！」と相談してきたことがある。なのでオレは言った。「じゃ、やめちゃえばいいじゃん」と。しかし彼は「やめられない」という。どうしてかというと、お金の問題があるからというのだ。彼の抱いている不安を整理すると、それは以下の3つの理由だった。

◎退団しても、次の会社がなかなか見つからないかもしれない

◎それにより一時的に収入が途絶えるかもしれない
◎もし見つかったとしても、ギャラが減ったらどうしよう

一般企業に勤めている人なら、これらにプラス退職金や保険の問題なども加わるのかもしれないが、普通、プロレスにはそのどちらも存在しないので（九州プロレスにはある！）、彼の不安の根源はこの3つだった。

見切りをつける能力と、スパッとやめる実行力

基本的にプロレスは、フリーに対し、試合をしたその日にギャラを手渡ししてくれる現金商売である。いまでは翌月振り込みの団体もあるにはあるが、お願いすればたいがい、その日のうちに渡してくれる。さらに、グッズを会場販売すれば、現金収入はグッと増す。

やめたいと言っていた彼の固定給を聞いたところ、フリーで他団体に参戦すれ

ば、月に4試合程度で、これまでの所属先と同じ額程度は充分に稼げそうであった。しかも彼であれば、どう考えてもオファーが月に4試合を下回ることはなさそうなのだ。なので、オレは客観的に分析して、前述の3つの不安の元が理由で躊躇することが、いかにバカバカしいかを伝えた。

するとと彼は、「試合が多いときもあるかもしれないけれど、少ないときもあるかもしれない」と言う。「そこは、そうならないよう頑張るしかないのでは？」と伝えると、彼は「そうなんですけどね……」と表情を曇らせ、次の言葉が出てこないのであった。

ここなのだ、大事なポイントは。結局、最終的にはこういうことだと思うのだ。

「**自信があるならやめればいい、ないのならば、居続けるしかない**」

この領域に他人が手を下すことはできない。彼にはきっと、自信がなかったのだ。つまり、プロレスに限らず、スパッとやめることができない人間には、やめたあとをうまくやっていける自信がないのである。ならば、やめないほうがいいのかもしれない。だから、それ以上はもう何も言わないようにした。

どうして会社がイヤになるのか？　金銭面、対人関係、他にもいろいろあるのだろうが、もうやめたい！　と考え始めたら、それはもう、

その会社で吸収すべきことがなくなったからだ

と、オレはこれまでそう受け止めてきた。だからどの団体も、後先考えずにスパッとやめてきた。

そのさい、お金のことは一切考えなかった。生まれつきそういう体質なのかもしれないが、イヤな環境でさらなるお金を生み出す作業ができるはずがない、そのように考えるからである。

それに、イヤな環境から飛び出すのだ。それ以上のイヤな状況が、さらに待ち構えているだなんて、考えにくくはないだろうか。さらには、呼ばれているのだと思う、次の何かに。呼ばれているからやめたくなるのだ、と。2023年末、彼はその団体を退団した。いまでは他の団体に上がり、期待されながら活躍しているようである。

大事なのは、もうここらが潮時だなと分析できる「見切りをつける能力」を磨いておくことと、そうなったさいに、スパッとやめることのできる行動力を持っているかどうかだと思うのだ。これは先述した、言いたいことはすぐさま口にしてしまうことと通じ合うものがあるかもしれない。短い人生を、幸せになれないムダな時間に費やさないためにも。

WWEで学んだ「緊張」しない考え方

人前に立つ仕事をしているとよく質問されるのが、「どうしたら、人前で緊張せずにいられるのですか?」というものだ。緊張。引退するまで緊張せずに試合に臨《のぞ》めたためしなんて、一度もなかったというレスラーの話はけっこう聞く。オレ自身も率直にいって、昔は、した。しかし、いまはしない。まったくしない。

なぜなら、ある時期に「ある考え方」を発明したからである。オレはその「ある考え方」を、これまで育ててきた子たちには、デビュー戦の直前に伝えてきている。ある考え方――どのようにしてそこへと至ったのか。その過程を書くのが、きっといちばん理解されやすいような気がする。

まず、オレは少なくともWWEをやめて日本に戻ってきて以降、試合前や試合中の緊張というものを、一度たりとも味わったことがない。どうしてかというと、ビンス・マクマホン（当時のWWEオーナー）が見ていないからである。WWEで試合をして、もし少しでもビンスのお気に召さない試合をしてしまったら、すぐさま扱いに影響が出てしまう。

翌週は試合が組まれなくなり、ヘタすると次の大量解雇のリスト入りだ。なので、ビンスが見ている緊張MAXを経験してきた者にとって、そうではない環境での試合など、お茶の子さいさいだと思うのだ。

ということは逆に、WWEのころは物凄く緊張していたということでもある。そう、WWE時代こそが、オレのプロレス人生でも毎試合毎試合、とんでもない緊張の連続との闘いだった、ある時期までは。では、そんな状況をどのように乗り越えていったのか？

ある日のこと。試合が終わった。TV収録だった。入場口の裏に戻ると、そこでいつもイヤホンを付け、モニターを見て試合に指示を出しているビンスが、親指をグッ！　と突き立てた。「良かったぞ」の合図。ホッとした。その日はなぜか、いつも以上の緊張の中で臨んだ試合だったのだ。

控室へ戻る通路の途中、オレは考えた。こんな結果が待っていることが事前にわかれば、あんな緊張なんかしなくてもいいものを、と。そしてそのとき、ふとひらめいた。そうか、であれば、そんないい結果が待っていることを確信してしまえばいいのではないだろうか？　つまり、緊張しまくる試合の前は、ビンスがほめてくれるであろうことを「確実に起きること」として、自分に信じ込ませてしまうのだ。

とはいっても、人間という生き物、すぐさまそう信じ込めるほど単純にできてはいない。「やっぱりそんなことないわ」と心のどこかで必ず疑いを抱いてしまう。なので、段階的に、こんなやり方はどうだろう？　と考えた。

「確実に起きること」の光景だけを、頭の中にイメージする

ビンスにほめられている、そんな絵だけを。この絵自体にはウソがないので、その作業は割と簡単に達成することができた。それを毎日繰り返す。

「あとX時間後にはこの光景が現実のものとなる」

絵が安定してきたら、そのうち、絵を動かす作業を試みた、ビンスが「グッドマッチ！」と笑顔で親指を突き立てる様子を。いわゆる潜在意識活用法にも共通する考え方だ。「絶対にいい試合ができる！」などと力《りき》んで必死に念じることはせず、よりリアルな絵を、頭に浮かべる作業だけに集中するのである。

作業自体は、簡単に達成することができるようになってくる。次に、オレはその光景を試合前から逆算し、「あと5時間後にはこの光景が現実のものとなる」「あと2時間後には……」、入場直前には「あとたったの10分後には……」と、そのイメージをカウントダウンしていったのだ。

これは、かなりの効果があった。いい絵をイメージすることで、緊張という精神状態から自分を隔離させる効果もあった。それでも突然、その絵がどうしても思い浮かべられないときや、「ダメな予感がする」という不安にさいなまれることもある、人間だから。それでもWWE時代に、ビンスに見られている中、あそこまで緊張から解き放たれることができたのであれば、充分合格といえる考え方だったと思うのだ。

そんな経験を繰り返しこなしてきたおかげで、いまでは少なくとも、「リングの上で何かをする」ことに関しては、緊張などまったくしない体質へと変わってしまったようである。こうした経験から、デビュー戦前で緊張しまくっている教え子に、オレは必ずこう伝えてきた。

「あとウン十分後にはここへ戻ってきていて、誰からも『良かったよ！』と祝福されているイメージだけを頭の中に満たしなさい」

さらにもう一つ。不安の原因を事細かに分析してしまうのだ。

例えば、入場時にロープに足が引っかかったらどうしよう？　ドロップキックがうまくできなかったらどうしよう？……など、不安の元になっていそうな理由＝パーツを、頭の中にすべて箇条書きにしてしまうのだ。

そして、「そうならないためには？」を考えていく。そうすると、気を付けるべき部分とその対処法がクッキリと見えてくる。「じゃあ、特にそこをミスらないようにするために、これとこれをこう気を付ける」といった具合に。そうなれば、かなり気持ちとしてスッキリするのだ。

なので人前に出ることへの漠然とした不安を抱いているかたは、まず先述した「あとウン十分後にはここへ戻ってきていて、誰もに『良かったよ！』と祝福されているイメージだけを頭の中に満たす」ことからスタートすることをお勧めする。

一挙にはできないかたのために細かい順番を述べると、まずは「あとウン十分後にはここへ戻ってきている」だけを考える。これにはウソがないので、割と素直に信じ込める。それができたら次は祝福されている絵を思い浮かべ、それができたら原因分析。

プロレスラーにかぎって言えば、そこまでに至るころには、人前に出ること自体にかなり慣れてきているはずなので、原因分析も冷静にこなせるようになっているだろう。そして、そのときにハッキリわかるのだ。不安の原因なんて、よく分析してみたらたいしたことないんだ、ということに。世の中、大抵のことがそうなのだから。

いちばん好きなことを仕事にする決意＝夢

さらに加えることとしては、「夢との関わり方」である。夢とは、何々になりたい、何々を成し遂げたいという、あの夢である。

先日、知人が連れてきた若者と、酒の席で話をした。彼は九州の大学に通う経済学部の3年生。これまでは周囲と同じペースで、のんびりとした大学生活を送っていたそうなのだが、3年生になって彼の友人のうちの二人が大いなる夢を見つけ出したと言い、彼いわく「人生が覚醒したようなのです」と、深刻な顔で語って聞かせてくれた。

一人は観光業に就《つ》きニュージーランドへ行くことが、もう一人はミュージシャンになることが夢なのだと。そんな夢に向かって彼らは着々と歩み始めており、自分が大きく引き離されていくことを日々強く感じるという彼は、「僕も早く夢を見つけなければ！」と、かなり焦《あせ》っているようだった。

オレが彼らと同じ歳のころはどうだったか。すでにレスラーというか「メキシコでルチャドールになり、浅井さんのような生き様を体現する」という夢を抱いており、毎日バイトをしてカネを稼ぎ、そのカネでジムに通い、長い休みには実際にメキシコへ渡ったりもし始めていた。

ラジオ講座でスペイン語を勉強し、街に繰り出しては、スペイン語を話しそうなガイジンに声をかけ、実践会話の習得にも精を出していたころ。そのころの自分と彼を、脳内で比較してみた。助言ができればと思ったのだ。しかし……何かが引っかかった。彼の言葉に。

「僕も早く夢を見つけなければ」

この言葉に、なぜオレは引っかかっているのだろう？　しばらく考えてみて、わかった。そこには、オレとのある大きな違いがあったのだ。

オレの場合、「夢を見つけなければ」と、あえて見つけ出したわけではなかった。力んで夢を見つけ出したわけではなく、角を曲がったら、たまたまそこで出会ったような、そんな遭遇の仕方をしたんだったな、と。

プロレス自体はそれまでも、それこそ小学生のころから見ていた。しかし、大学2年生の秋に、たまたまユニバーサルプロレスで目撃した浅井さんの生き様に痺《しび》れ、それがきっかけとなってプロレスラーを目指した。なので、人生を一変させた夢との出会いは偶然だったと言えるかもしれない。

そして、思ったのだ。はたしてオレはあのとき、「浅井さんのようになれなければ死ぬ！」と瞬時に強くそう思い、その日を境に人生が激変したのだったろうか？

あるいは、その日は「浅井さんてかっこいいなあ！」と実はきっかけをいただいただけで、その気持ちが日を追うごとに強固になっていき、「自分も浅井さんのような生き様をおくる」という揺るぎない夢へと昇華していったのだったか？

もしかすると、そのどちらでもあったかもしれない。その日を境に友人たちから、「なんでそんなもんに、そこまで夢中になってんだ!?」と卒業まで言われ続けるようになるほどの夢の追い方をしていたのだから。

当時を振り返って、オレ自身、あそこまで激アツに夢を追うのはかなり特殊なほうだったなという気がしている。だから、「オレがキミと同じ年のころはなあ……」なんてエラそうにとくとくと話して聞かせたところで、ほとんど参考にはならないだろう。それでも彼に何か助言したいオレは、ここまでの考えを頭の中で整理してみた。

するとある考えが閃光のように現われ、思わず「……あっ！」と叫んでしまったのだ。それはまさに、ひらめき以外の何物でもなかった。もしかすると……実は彼も、すでに夢と出会っている可能性があるのではないか、と。

オレのようなケースは特異なものと仮定した場合、一般的に夢を追う手順というものは、こんな流れなのかもしれない。「夢を探すのだ」と決意して見つけ出すものではなく、すでに自分の胸に内在している「いちばん好きなもの」、あるいは「これで食っていけたらいちばん幸せなもの」を、生業《なりわい》として生きていくのだと「決意する」ことなのではないかと。そしてその決意を毎日じっくり熟成させていくような、そんな作業なのではなかろうかとオレは思ったのだ。

ということは、夢を追い始めているという彼の友人たちは、実は夢を見つけ出したのではなく、いちばん好きなことを絶対に仕事にするんだと決意した、ということではないのだろうか、と。

その一つの裏付けとして、例えば、オレがプロレスラーになると誓ったあのとき、もしもただ単に、「浅井嘉浩（ウルティモ校長）、かっこいいなあ、プロレス、やっぱり好きだなあ」くらいの気持ちのままでその後も生きていたとするならば、いまごろどうなっていたのだろう？　おそらく、プロレス好きな普通の会社員にでもなって、「今度の休みに後楽園ホール行こ！」みたいな人生を送っていたのではあるまいか。

要点をまとめると、こういうことになる。

◎いちばん好きなものは何かを考える
◎その好きなもので生計を立てる決意をする
◎その思いを継続させ、実現させるための努力も継続する

好きでもないものに携わる人生はつらい。しかし、世の中のほとんどの人がそんな人生を送ってしまっているのが現実だと思うのだ。そういう人たちが楽しい人生を送れるよう、参考となるメッセージを発信することも、プロレスラーにはできるはずと思うのだ。

ライバルが少ない、自分が目立てる道を選ぶ

そして、夢を見つけ出したら、それを実現させるにはどうしたらいいのかを考えていく。ただやみくもに突進していくのもありなのだが、それに行き詰まってしまったら、「空き家を狙う」という手もあるとオレは考える。

またもや自分の話で恐縮だが、いまから30年前、オレはIWAジャパンという発足したばかりのどインディー団体を「あえて」選んで、プロレス界入りした。

当時は2団体（全日本と新日本）しかメジャー団体はなく、どちらの身長規定（当時はどちらも180センチ以上）にも届いていなかったオレは、だからとはいえ、メジャーへの憧れはそもそもなかった。

ＦＭＷとみちのくプロレスには履歴書を送ったが、書類選考の段階で返事が来なかった。あきらめずに何度でも応募するという選択もあるにはあったが、これは落とされた負け惜しみでいうわけでは全然なく、そのとき、ふと考え直したのだ。ＦＭＷもみちのくプロレスも、すでにメジャー団体と言っても差し支えない集客数と規模感だった。なので、「もうその団体に入っても、不利にしかならないんだな」と考えたのである。

そもそもオレが日本の団体に入ろうとした目的は、「プロレスラー『自体』になること」が3割で、残りの7割は「メキシコで活躍するため」だった。そのために、まずは日本の団体でデビューして、力がついたらメキシコへ……と、最初からそういう腹づもりだった。

なので、その道の途中にいるライバルは少なければ少ないほど、また、そのライバルたちは才能がなければないほどいい。自分が目立てるからだ。目立てば、団体幹部に希望を受け入れてもらいやすい。

ただし、ここでは、その団体自体にメキシコへのルートがあるかないかが重要な問題となってくるのだが、ＩＷＡではメキシコと太いパイプを持つ恩師、ビクター・キニョネスが会長職に就任していた。まさに、こういうことだ。

「いずれはメキシコへ行きたいレスラー志願者にとって、最大の空き家」

オレにとってＩＷＡジャパンは、そんな団体以外の何物でもなかった。しかし、入団には誰もが反対した。「そんなワケのわかんないとこに入らないほうがいいぞ」「デカいとこのほうが、メキシコ行っても有利なんじゃないのか?」など、そんな話ばかりを誰もがしてくる。

しかし、オレには自信があった。どこに入ろうとも、ダメなヤツは絶対にダメだし、できるヤツは絶対にできる。というか、入り口はどこであれ、業界にさえ入ってしまえば絶対にオレは達成できる、そんな自信があったのだ。

とにかく入りやすく、残りやすい団体であること。他の団体がオレを採ってくれなかったからＩＷＡに入団したという消去法ではない。オレはＩＷＡジャパンを完全に「選んで」入団したのである。

自信があるならやればいい、それだけだ

夢を叶えるためには、当たり前の道にこだわってはいけない。途中経過はどうであれ、最後には成し遂げられる自信があるのなら、やってしまえばいい。どんな過程を踏む方法であろうともだ。

ならば、「空き家」を狙ったほうがうまくいく確率は高いような気がする。つまり、誰もが好んで選ばない道を選択するという「逆張り」のようなもの。というか、真正面からぶちかますことで夢を叶えた者の数って、意外と少ないような気もしている。もしかすると、そういったやり方こそ、確率的には最も低いのではないだろうか。

夢を叶えるために大事なのは、考え、工夫すること。そうすると、空き家を狙うなんていう策も、一度は必ず浮上してくるはずだ。そんな選択をすることに対して、寄らば大樹の陰だとか、大きいところなら何かと安心だとか、安パイの横槍を入れることは、思考の土台にそもそも大いなる甘えがある緩い考え方である。根本の部分がそんなふうに日和《ひよ》っていては、何事もうまくいくはずがない。

「自信があるのならやればいい」

何度も出てくる言葉だが、ただそれだけのことである。ダメなときは、どうやったって結局ダメなのだから。目的達成のためなら空き家にだって、いや、空き家こそを狙ってみる。繰り返すが、自信があるのならやればいい。ただそれだけのことである。

先ほどの話と少々被《かぶ》るが、誰も狙わない空き家を狙うことは、誰でも不安に思うだろう。「誰も狙わない＝誰もよしと思わない＝うまくいかない」と、誰もが気付いているから誰も選ばないということなのではないか、と。しかし、そんな不安を寄せ付けない、とっておきの方法がある。最後にそれを公開しておく。

それは、あまりにもなんでもない言葉に落胆されてしまうかもしれないが、「努力すること」だ。継続して、不断の努力をし続けることだ。

自信を保つためには、不安にならずに、空き家に堂々と侵入できるようになるためには、不断の努力をし続けるだけだ。それ以外に何一つない。少なくともオレの知る限りにおいては。

会社はお前らの何を売り出せばいいのか?

そもそも空き家を狙うためには、空き家を見つけ出す嗅覚だって必要だ。なおかつ前に進む意思がなければ、空き家にも出くわさない。空き家も簡単に見つかるものではない。そこにも努力は必要だ。

夢の在《あ》り処《か》に向けて、正面から挑む正攻法もいいだろう。ただ、そこで少しだけ別視点での道筋も考えてみる。たまには空き家を探してみるのもいいんじゃないか、そんなインスピレーションが少しでも湧いたなら、きっとそこには可能性があるということだ。

空き家に気付いたとしても、まだまだ世間一般的な考え方に縛られてしまうのなら、より一層の努力をしてみる。そして再び、空き家を覗きに繰り出してみるのだ。

そのとき、絶対に知っておかなくてはいけないこと、夢を追うさいの心的態度と下準備。

「自分をよく知り、そこから外れたことをしてはいけない」

そんな法則が、どうも世の中には存在するようなのだ。

オレがＷＷＥのＴＶ番組「ＳＭＡＣＫＤＯＷＮ！」に出場していたときの話な

ので、20年も前のこと。そのころのオレは、ジョン・シーナとFUNAKIさんと、ダグとダニーのバシャム・ブラザーズと常につるんで行動していた。割り勘で借りたレンタカーで、移動もいつも一緒だった。

ちなみに、このころは割り勘だったが、それから数年後に同じくTVの「RAW」で再会し、再びドライブパートナーとなったジョンはすっかり成功者としての貫禄を備えており、レンタカーだけでなく、旅先のホテル代まで常に事前に支払ってくれていた。

ホテルでチェックインにいくと、「もう払っといたぞ」と何食わぬ顔で伝えてくるのである。一度、「申しわけないから自分で払うよ」と言うと、「俺がこうして成功できたのは、タジリはもちろん、みんなが支えてくれたおかげだから、還元させてくれ」と、人間としてとことん素晴らしすぎる男なのであった。話が逸《そ》れた。

ジョンがUSヘビー級選手権を、オレはクルーザー級選手権を、バシャム・ブラザーズはタッグ選手権を保持していた時期のことだ。ＳＭＡＣＫ ＤＯＷＮ！管轄のベルトのほとんどは、オレたち「チームＤ」（ジョン・シーナ命名、理由は不明）の手のもとにあった。

しかしある日、バシャム・ブラザーズが王座から陥落《かんらく》してしまう。かなり長い期間保持していたので、彼らの落ち込みようは激しかった。その後は彼らに大きな役割が回ってくる気配もなかった。「もしかすると、このまま用済みになるのでは……？」と、本人たちはネガティブモードに突入して、移動中の車内の発言も会社批判など攻撃的なものが多くなっていった。

ただし、それは文句言いな傾向のあるダグの話。ダニーはどんなときでも平常心で、この世の不平不満をすべて吸収するプロレス界のスポンジのように、いつもニコニコおとなしかった。

そんなある日のことだ。ハウスショー終了後、車に乗り込んだ我々。３列シートの大きなワゴン。ジョンが運転、助手席にＦＵＮＡＫＩさん、後部座席にバシャム・ブラザーズ。オレはたいがい最後列に一人寝転がる。走り出してしばらくし、ダグが吐き捨てるようにつぶやいた。

「WWEは愚かな会社だ！」

運転席のジョンは振り返らずに、ハンドルを握ったままダグに尋ねた。

「なぜだ？」

「俺たちを上で使おうとしないからだ！」

するとジョンは、「フーン……」としばしの思索にふけると、こんな質問をダグに返した。

「では一つ聞くが、会社はお前らの何を売り出せばいいのだろうか？」

しばしの沈黙のあと、ダグは答えた。

「俺たちのキャラクターだ！」

ジョンはすかさず、こう返した。

「では、お前らバシャム・ブラザーズのキャラクターとはなんだ？」

先ほどよりも長い沈黙。ちなみに、ジョンとバシャム・ブラザーズは、WWF

の二軍団体だったＯＶＷでの長い下積み時代から、気心の知れた間柄だ。ダグはジョンにこう答えた。

「エレガント、ユニーク、バイオレント……」

　起き上がり、二人の会話の様子を眺めていたオレは首をかしげた。そうだったろうか？　バシャム・ブラザーズはエレガントで、ユニークで、バイオレントな、そんなタッグチームだったろうか？　最後のバイオレントだけは少々かすっているような気もしたが……。おそらく、ダグは自分たちのキャラクターについて深く考えたことはなく、このときは、無理やり答えを捻《ひね》り出したような気がした。

ジョンは続けた。

「そうか。ではお前らは、そのキャラクターをどのような方法でアピールしているんだ？」

　ダグが苦しくなっていく気配が漂い始める。「エレガントさは入場で、ユニークさは時たまの誤爆で、バイオレントさは……」のようなことを語っていたが、明らかに確固たる芯が通っていない。結局、うやむやに話は終わり、ダグのフラストレーションはさらにつのっていったことだろう。

「自分とはなんぞや!?」キャラクターを考える

後日。ＦＵＮＡＫＩさんとバシャム・ブラザーズは、ハウスショーでの試合を組まれていない週があった。そのため、３日間のハウスショーのための移動は、ジョンとオレの二人だけでこなすことになった。そのさい、キャラクター理論のようなことについてじっくり話してみた。

要約すると、ジョンはキャラクターについてこのような考えを語っていた。

◎本来の自分に沿ったキャラクターを心掛ける
◎無理して演じるキャラクターは、いつか必ずうまくいかなくなる
◎キャラクターとは、楽しく演じ続けられるものでなければならない。そのためには本来の自分に根差したキャラクターである必要がある

　これらはまさしく、ジョン・シーナというキャラクターそのものである。試合前に彼が見せるあのラップは、ギミックではない。なにしろジョンは、あのラッパーキャラで売れる以前から、「今度はこんなのを吹き込んだから聴いてくれ！」と、カーステレオで自作のテープやCDをかけるほどに、ラップを心底愛していたのだ。

　そんなジョンの名言である。

「Do yourself.」

　とにかく、「自分をやる」のだ、と。自分をやり尽くせ。成功するためには、それ以外にないのだ、と。そのためには、まずはとことん、「自分とはなんぞや!?」ということを知り尽くしていないといけない。残念ながら、ダグ・バシャムは自分自身を知り尽くしていないばかりか、考えたこともなかったと思うのだ。

その後、バシャム・ブラザーズは業界から消えた。おとなしかったダニーは教員免許を持っていたので、いまは地元の高校で教師をしていると聞く。ダグに関しては長らく消息不明であったが、古巣のOVWでエージェントをしていることが、最近になってわかってよかったのだが。

ジョンの「Do yourself.」は、プロレスに限らず、どんな業界においても必要となる根本的な哲学だと思うのだ。

まずは自分を知る
←
その自分が欲しているもの、自分であるがために必要なことを考える
←
それを貫くためにはどうしたらいいかを考える

実践スタート←

そういうことなのであろう。

このころのジョンは、そこそこ売れていたとはいえ、いまほどの超ビッグスターになる気配はまだなかったころだ。それでもここまで奥深い哲学を語っていたことは、驚嘆に値する。考えてみれば、なんでもないエピソードなのだが、ここには成功のための多くのヒントが隠されているようにオレは思う。誰もが夢を叶えられますように――。

第8章

SNSとプロレスの歪んだ関係

プロレスの情報を入手するルートの激変

プロレスの大会が行われると、SNSにはリアルタイムレポートのように、試合の写真や途中経過の感想などが次々とアップされまくることは、皆さんもよくご存じであろう。いまではそれが当たり前だが、オレが本式にプロレスを見始めた1980年ごろから2000年代初頭あたりまでは、どんなに早く試合結果を知りたくとも、翌日のスポーツ新聞を待つくらいしか方法がなかった。

そういえば、オレが中学2年生のころから『週刊プロレス』『週刊ゴング』『週刊ビッグレスラー』では、「テレフォンサービス」なるものが存在していた。電話をかけると、お姉ちゃんがテープに吹き込んだその日の試合結果が流れてくるのだ。しかし、即更新されている日もあれば、3日経っても更新されないこともあった。その程度が当たり前だった昭和、平成初期の話だ。

そして時代は令和となり、新聞も、回線電話も、テープレコーダーも、あの時代にプロレスを伝えていたアイテムは、すでに世の中から絶滅しかけている。それにとって代わるものは、言うまでもなくスマホにインターネット、そしてＳＮＳである。

そんな兆《きざ》しは、いつのころから見えていたのか。

メキシコにいた１９９８年。オレはまだ、携帯電話すら持っていなかった。日本では確かＰＨＳが出回り始めたあたりだろうか。もともと機械に興味がないので、こういった記述はすべて不確かな記憶に基づくものだが、インターネットも一般に浸透しておらず、パソコンを持っている人なんて、ほとんどいない時代ではなかったか。

メキシコとなるとなおさらで、現地でルチャの情報を仕入れるには、街角の露店に売られている白黒のルチャ雑誌を見るしかなかった。それこそ、初めての試合会場へ行くさいには、ネットで調べるなんてこともできない時代なので、雑誌の巻末にある週間対戦カードに書かれた会場所在地を見ては、現地の人に尋ねなから向かっていたほどである。

ＥＣＷにスカウトされ、アメリカへ渡ったのが１９９９年。約2年間のＥＣＷ在籍期間中、オレは携帯もとうとう持たなかった。持っていなくても、まだなんの不自由もない時代だった。

プロレスの情報はどのように仕入れていたのかというと、『レスリングオブザーバー』という、店では取り扱っていないが購読者の自宅へ送られてくるプロレス専門情報紙から得ていた。知人のアメリカ人レスラーが購読していたので、ときどきお邪魔しては、よくわからない英語の記事を読み、おおまかな情報を得ていたものである。

ＥＣＷ末期の２０００年になると、すでに誰もが携帯を所持していたし、パソコンも少なくとも一家に1台の時代になっていた。オレが初めてパソコンを買ったのも、そのころである。しかし、その活用の仕方は、ネットでニュースを見たり趣味に関する情報を調べる程度で、当時も存在はしていたのかもしれないが、

SNSという双方向発信のメディアがあるなんてことを、オレはまだ露《つゆ》ほども知らなかった。

その後、WWEと契約し、5年間所属している間も、ネットとの関わりは同じ程度。SNSとの初接触は、日本に戻ってきてハッスルに入団し、「mixi《ミクシィ》」なるものの存在を知ったときである。しかし、いまにして思うとmixiはブログ的というか、最低でもそこそこ長い文章を書いて載せるためのものというか、こちらから情報を出すツールであって、得るツールではないという認識のほうが強くはなかったか。少なくともオレにはそういうものだった。だから、SNS黎《れい》明期《めいき》だった当時、まだ情報はいまほど多くは飛び交っておらず、また一つ一つの情報にも、体温のような感触が存在していたような気がする。

不確かな「らしい」で物語をつくれていた時代

ハッスル時代で、プロレス面での戦力を補充しようと、当時の山口日昇社長が大阪プロレスに注目したことがある。東京のファンには馴染みが薄いので斬新な団体であったし、大阪大会のさいは営業的な支えとなってくれるのではないか、というのがその理由だったようだ。

当時、「大阪には、ゼウスというすごい選手がいるらしい」という情報が頻繁に伝わってきていた。その選手を生で確認するべく、山口社長と安生さんとオレとで、大阪までゼウスの試合を見に行ったことは、時代のアナログさを象徴するいい思い出である。「らしい」がまだ世の中にあふれていた時代だ。

ハッスルが崩壊してからは、新たに旗揚げされたＳＭＡＳＨのプロデューサーに就任した。このころ、とうとうｔｗｉｔｔｅｒが世の中に広まり始めた。オレにはどんなものだかサッパリ理解できなかったのだが、それを勧め、説明し、アカウントを開設してくれたのは、ＫＵＳＨＩＤＡである。

「これからはこういうのを使いこなせないと、集客できないっスよ！」とのことだったが、オレがその使い方をようやく理解したのは、旗揚げから数か月たったころであり、それまでは、オレのアカウントからの発信は、ほとんどKUSHIDAが代筆している状態だった。

それでも、すでに誰もがパソコンは所有している時代。SMASHでは、そんなネットの裏街道をゆく手法をとった。ネットで容易には検索できない、まだ日本では誰も知らなかった北欧フィンランドのレスラー、スターバックを「神である」として魅せることに成功し、彼を総帥とするフィンランドFCFという団体との抗争を軸に、ストーリーを構築していったのだ。

北欧にFCFという謎の団体があり、そこには童話の世界のキャラクターのような姿形をした未知の強豪たちがひしめいているらしい。団体の総帥スターバックは神と崇《あが》められており、欧州全土にその実力は知れ渡っているらしい、と。「らしい」のオンパレードによって物語を積み上げていったのだ。

アメリカやカナダのレスラーの情報は、ネットでおおよそ検索できたけれども、欧州、特に北欧のプロレスともなると、なんの情報も引っかかってこなかった時代。日本人が海外へ行くことは珍しくはなかったが、見たもの、見てきたことをネットに書き込む人の絶対数が、まだまだ少なかったのだろう。

仮に書くとしても、ｔｗｉｔｔｅｒのように短文のものよりも、ブログのように長文のものが主流だったので、もしかすると、スターバックのことを日本で紹介した人はいたのかもしれないが、それは多くの人の目につく場所には書かれていなかったということなのだろう。

そんな手法で、旗揚げから半年後にはＪＣＢホール（現ＴＤＣホール）大会を札止めにしたし、新宿ＦＡＣＥはすべての大会が札止め、後楽園ホールも東日本大震災直後の大会以外は動員１０００人を下回ったことはないので、手法としては正解だったはずだ。これも情報が少なかった時代ゆえの、

「らしい」の魔力

によるものである。こういった手法はいまでも通用するのだろうかと、ときどき当時を思い返して考えてしまう。

しかし、「らしい」の根底にあったものはホンモノであり、もともとそういう団体だったＦＣＦを、幻想の膨張剤で膨らませたのち、リアルの造形に仕立て上げてネットの波に乗せた。いうなれば、

ハッタリをかませた

ようなもの。それがうまくいった秘訣ではなかろうか。

そんなＳＭＡＳＨでの2年間。オレは結局、ｔｗｉｔｔｅｒというものをそれほど有力視しておらず、ＳＭＡＳＨのＨＰと、当時知人に開設してもらったＴＡＪＩＲＩブログをむしろ大いに活用していた。

ＳＭＡＳＨは月に1度の大会ペースだったので、その合間に様々なドラマを展開していく必要がある。しかも、ドキュメンタリー映画のような世界観を構築したかったので、長いインタビューや、誰と誰がどこでどうしてどんなドラマが生まれたといったストーリーの進行&紹介映像を頻繁にアップした。これに関しては、ｔｗｉｔｔｅｒで無作為に拡散するよりもＨＰやブログのほうが合っていた。ｔｗｉｔｔｅｒは記事更新のお知らせに使っていた程度であった。

そして、ＳＭＡＳＨからＷＮＣへと移り変わり、そのころを境にオレはブログをほとんど更新しなくなった。いまではどこの団体でも、情報拡散にはｔｗｉｔｔｅｒをメインに活用するようになっている。ＳＮＳ自体の変化はもちろん、団体側の対応も飛躍的な進化を遂げたというわけだ。

そして、話もいきなり２０２３年へと飛び、内容も大きく飛ぶ――。

「ＴＡＪＩＲＩは選手と団体を洗脳する」説について

２０２３年１月に九州プロレスへ移籍してきた当初。九プロ（略称）内部では、オレの移籍に疑問を持つ者が実際いたそうなのだ。こういうことらしい。

「ＴＡＪＩＲＩが来たら『洗脳』されるぞ……」

どうしてそんな物騒な話になったのかというと、オレが全日本プロレスに在籍していた末期、東京スポーツに載った全日本の専務である諏訪魔選手のインタビューが、その一つの原因だった。

「ＴＡＪＩＲＩがジェイクを洗脳した」

２０２２年末をもって、オレだけではなくジェイク・リーまでもが全日本を退団するのは、ＴＡＪＩＲＩがジェイクを洗脳したからだと諏訪魔選手が語ったインタビュー記事。東スポＷＥＢ版に載ったその記事は、ネットで一気に拡散された。

では、ＴＡＪＩＲＩは、本当にジェイクを洗脳したのか？

正直なところ、それはオレにもよくわからないという以外に言いようがない。というのも、オレはジェイクと気が合ったので、四六時中一緒にいたし、長い月日の間のオレとの会話もあって、ジェイクの中で何かが覚醒したのであれば、それはある意味、洗脳と言えるかもしれないからである。

傍から見れば、「あれは洗脳していたんだ」と思われても不思議ではないほど、オレとジェイクが多くの時間を共有していたのは確かだ。しかし、こんなことは当たり前すぎて、ジェイクに対し失礼極まりない話なのだが、ジェイクは大のおとなであって、すべての判断は自分で下しているはずなのである。だから「洗脳した」というのは、ジェイクがまだ子供である場合にのみ通用する言い方ではないのか。

現在、Ｎｏａｈのリングに立つジェイクは、全日本にいたころよりも明らかに成功し、大物になっている。それが全日本退団というジェイクの選択の結果であり、それすらもまだ成功への途中経過だということからすれば、すべての答えが出ているると思うのだ。プロレスで稼げる時間なんてほんの一瞬なのだから。

さて、本題の洗脳騒動へ入る。オレによる「洗脳説」が流されてその後、九州ではいったい何があったのか。

過日、オレは某関係者との酒の席で、こんな質問をされた。

「ＴＡＪＩＲＩさんて、前の会社（全日本プロレス）で他の選手を洗脳してたんですか？」

身もふたもないストレートな尋ね方だが、当時はよくされる系の質問であった。

「どこ情報ですか、それは？」とオレが逆に問うと、「東スポやネットに書いてありました」と。

そして、この手の質問に始まるやり取りのたびに、オレは次のような返しを常としていた。

オレ「ではでは、選手を洗脳して前の会社を牛耳《ぎゅうじ》っていたとして、その結果、いまのオレがどのような恩恵にあずかれているんですかね?」

某「うーん……、そう言われれば」

洗脳していたとされる選手のすぐ近くに、いまもコバンザメのようにオレが寄り添い、何かしらの甘い蜜をチューチュー吸っていそうな状況ならば、洗脳の可能性もなきにしもあらずであろう。すると、こう返す輩もいた。

輩「だけど、洗脳が失敗したから恩恵にあずかれていないっていう考え方も、できなくはないですかね?」

オレ「つまり、洗脳失敗説ということですかね?」

輩「ええ、まあ」

そんな憶測で自信ありげにほくそ笑んでいたりするのだ。なるほど。

では現在、あの会社を牛耳っているのが誰なのか。オレはもう何一つ知らないが、そんな恩恵にあずかれていそうな人が、はたして見当たるのだろうか。そう尋ねると、こうなる。

「……いなそうですね」

いるはずがないのだ。これが大会のたびにたくさんのお客さんが入っていて、傍から見ているだけでも金銭豊かな香りが漂ってくる会社ならいざ知らず。

こういうことを聞くたび、オレは思うのだ。洗脳説にしろ、前の会社におけるTAJIRI体制説にしろ、組織の様子を覗き見した程度でいいから観察して、「この会社をどうこうして、何かTAJIRIにとっていいことがあるのだろうか？」と自分の頭でほんのちょっとでいいから考えてみてほしい。

そうすりゃバカでもアホでもわかるだろ？　そんなことして何の得があるってんだよ！　こっちが聞きてえわ！　あるはずねえだろ！――と、オレは笑顔で叫んでしまう。

あの会社でTAJIRI体制つくってカネになるか！

「じゃあ、どうしてTAJIRIさんは、いつもネットで悪者にされちゃうんですか？」

当然、そう思う人はいるだろう。そんな質問には、こういう返しをしている。

オレ「いまの世の中、アホやバカが多くてムカつくことって多くありませんか？特にネットの中とかは」

相手「多いですね」

オレ「ということは、そういうヤツらの人口比率がけっこう高いということですよね？」

相手「そうなりますね」

オレ「そんなヤツらにまで、世の中の真実の情報が届くとでもお思いですか？」

相手「ああ……」

オレ「それに、本当に悪いヤツが洗脳するとなったら、誰にもばれないようにうまくやるものじゃないですかね？」

相手「それはあります」

オレ「実はオレが本当は悪いヤツで、これまで言われてきた通りに悪いことをし続けてきたとして、そんなヤツがいまも同じ業界にいられると思いますか？」

相手「それは無理でしょう。そうやって弾《はじ》かれて消えていった人って、実際、けっこういますからね」

これほど単純かつ簡単なことなのである。しかし、この関係者は、非常に根が真面目というか純粋なおかたなので、こんな質問をダイレクトにしてきたのだが。

ネットで飛び交った洗脳話やＴＡＪＩＲＩ黒幕説だのを騒ぎ続けていた連中のことを、少なくともオレの周りのまともな人たちは、「あいつら真正のアホですね」と、全日本の内部にいる者ほど笑っていたものである。

ちょっと考えりゃ、どう見たってわかるだろ！　なんの得があるってんだよ！

あの会社で洗脳やＴＡＪＩＲＩ体制つくったって、まともなリターンなんか見込めねえだろがあ！　ガキが読むマンガに出てくる「地球は我々が侵略した」とのたまう宇宙人にだって、もうちっとマトモな理由ってもんがしっかり設定されてるわッ！——と、オレはさらに笑顔で叫んでしまう。

どうしていまさらこんなことを書いているのかというと、別に何かあって怒りが再燃したとかそういうことではまったくない。というか、オレ自身、この手の流言蜚語には「アホだな」と笑っていられるタイプなので、何を言われようとも何も思っていないのが正直なところである。

その関係者から率直に質問されたさいに、むしろ、「とことん純粋なんだな」とおかしくなってしまったのだ。その質問を受けた夜には、ｔｗｉｔｔｅｒで〈秋山（準）さんとＴＡＪＩＲＩさんのころはよかった〉という書き込みを偶然にも見つけてしまい、「あのころさんざん騒いでたくせに、いまさら何言ってんだ」と、やはりおかしくなってしまってもいた。

もっとも、その書き込みをした人が当時、根も葉もない噂にのっかってオレを批判していたかどうかは知らないが、ここ最近、「『あのころのほうがよかった』と口にしているファンが増えてますよ」と全日本の某選手から聞かされたりもした。

なのでオレは、そういう話を聞いて心底、

「人間ってとことん勝手な生き物だよな」

と、あらためて痛感した次第なのである。

ならば、そんな勝手な人間たちが何を言ったところで、気にすることなんて少しもない。なにしろ、ちょっと時間が過ぎれば、真逆のことだって言いだすほどの適当さなのだ。世間様なんてのは所詮、そんな程度でしかないんだよ、と。そのことを皆さんに伝え、勇気を持って生きていただきたかった次第なのである。

……そして、いまでは洗脳説も笑い話なので書いてしまう。文中に登場してくる某関係者とは、九州プロレスのめんたい☆キッド選手である。酔っぱらったときのめんたい選手の面白さは業界屈指。いまではシラフのときでも、「タジリさん、また洗脳してるんですか！」くらいにすっかり洗脳説ファンになっているほどなので、オレはめんたい選手の洗脳にまんまと成功したわけである。

プロは「火ダネとなる噂」をどうさばくのか

オレたちは「プロ」である。プロとは何かというと、

自身の身の回りに起きたすべてのことを「お金に変える」者のこと

である。これは決して、お金のことしか考えていないという意味ではない。あくまで「起きてしまったことは、すべてお金に変えるのがプロである」という意

味だ。いわば、順序の問題。

どんなときでも、スタート時点にあるのは「情熱」であり、そこにウソはない。なのでオレは、洗脳説を唱えた東京スポーツの記事を目にした瞬間、

「これをどのようにいじくったら、お金が生まれるだろうか？」

と条件反射で考え始めていた。その結果、ｔｗｉｔｔｅｒにこんな書き込みをした。


〈はたして陰謀論や洗脳説は本当なのか？　その答えはこの本の行間に書いてある〉


この本とは、ちょうどその3か月前に発売されていた拙著『戦争とプロレス』である。その宣伝に有効活用させていただいたのだ。しつこいくらい何度も何度も、自分でリツイートして。

するとあろうことか、ウソのように本が売れ始めたのである。Ａｍａｚｏｎラ

ンキングはグングンと上昇し、発売当初と変わらないほどの順位にまでのし上がってしまったのだ。それが結構な期間にわたって続いた。

ランキングが落ち始めると、再びオレが「もっと穴のあくほど行間を読め！」とtwitterから燃料を注ぎ込むと、またまた売れた。その効果は、1週間以上続いた。

それを見て、オレは思ったのだ。


「人間はとことんゴシップが好きなんだなあ」


これなら、週刊文春や暴露本が売れるはずだわ、と。

このときオレは、畠中（浩旭《ひろあき》）さんが主宰するアジアンプロレスの山陰ツアー真っ最中だった。その数日後に帰京すると、全日本プロレスの新木場大会。そこでオレは、さらにプロ根性を発揮した。というか、全日本の幹部の某に、こんな提案をしてみたのだ。

「諏訪魔さんが、洗脳とか陰謀とか言ってくれたおかげで本が売れたので、きょう、その本を『全日本では永久に禁書だ！』と、ビリビリに破くさまを東スポに撮ってもらうよう頼んでもいいですかね？」

残念ながら、「そういうの、もうやめとけ……」と某につらそうな顔で言われてボツとなった。ここでまた繰り返させていただくが、プロというものは起きたことをすべてお金に変えてナンボである。プロである以上、せっかくそういった火ダネが起きた以上は、会社もオレもとことん商売にするべきだったと思うのだ。

拙著にしても、ＴＡＪＩＲＩのアカウントをフォローしている人ならご存じの通り、あれほど繰り返し宣伝したところで（感想を発信していただいたかたに向けて、リプライを徹底して送った）、洗脳説騒動があって初めてその存在を知りましたという人がまだまだ存在していたわけだし、その向こうには、きっと拙著を永遠に知らないままの人も多くいるはずである。

なので、ゴシップだろうとスキャンダルだろうと、利用できるものは、まずとことんまで利用する。軌道修正なんぞ、あとからでいい。そんなオレの考え方は、保守的な全日本プロレスではきっと理解しがたかったのだろうと、いまでは自分でもわかっている。

TAJIRIに「王道」がメチャクチャにされる

ところで、先ほど文中にも登場してきた「TAJIRI体制」とはなんだったのか?

これは、ある時期からネットでしきりに噂されていた一種のプロレス都市伝説である。TAJIRIが裏で全日本プロレスを仕切っており、その結果、いまの全日本が壊滅的につまらない、というものである。

その発端となった……というか、オレがまだ全日本の所属にすらなっていなかった２０２０年正月の後楽園大会。まだ半フリーの状態で、全日本の全大会に出ていたわけでもなかったオレは、正月２日に行われたその大会にも参戦していなかった。

「全日本ＴＶ」で見たその大会が、酷い内容だった。どこがどう酷かったのか、詳細は忘れてしまったが、とにかくグダグダで、どうしようもない内容だったという印象は、いまだにハッキリ残っている。それはオレの個人的感想としてだけでなく、ネットでも多くのファンが同意していた。それに関して、このような書き込みを見かけたのだ。

〈あの全日本らしさのなさは、ＴＡＪＩＲＩが仕切っているからに違いない〉

それに呼応し〈なるほど！　やっぱりＴＡＪＩＲＩか！〉という書き込みをすぐに見つけた。

なぜだ！　どうしてそうなるのだ？　オレがその場にすらいなかったことは、観ていたアンタなら知っているだろう！　すでに本書冒頭にも書いた通り、確かにオレは２０２１年1月より、退団した秋山さんに代わって、道場でのコーチを青柳優馬選手との交代制で務めてはいた。しかし、現場にすらいない仕切り屋なんて、普通あり得ないではないか。

それに、全日本に片足を突っ込んでいるだけのオレなんぞに、全体を仕切る権限がどうしたら発生するのか。この人たちの感覚はいったいどうなっているのだ!?

そして、時代はコロナ禍へと突入して行き、無観客大会の日々が続いた。エンタメが最も苦しかった時代だ。この間に、崩壊したＷＲＥＳＴＬＥ－1から芦野祥太郎を皮切りに、羆嵐や児玉裕輔らが大挙して全日本に乗り込んできた。当初、彼らは破竹の快進撃を続けた。

するとと予期してはいたのだが、やはり、例の輩たちが騒ぎ始めたのである。

〈WRESTLE−1でかわいがっていた後輩たちをTAJIRIが優遇している〉

〈このままではTAJIRIに王道がメチャクチャにされる！〉

なぜだ！　王道（ご承知の通り、全日本プロレスが標榜するスタイル）とは、オレごときにメチャクチャにされるほど脆弱なものだったのか!?

彼らの快進撃は、諏訪魔選手の三冠選手権に挑戦した芦野が敗れたことにより終焉を迎えた。すると今度は、こういう声が噴出する。

〈やっぱ全日本最高！〉

「仕切っているのはＴＡＪＩＲＩ」という認識は、いったいどこへ行ったのだろう!?

その後、多少は落ち着いたものの、オレが所属していた2年間、ちょっとでも彼らのお気に召さないエンタメっぽい流れが全日本に生じるつど、

〈だからＴＡＪＩＲＩじゃダメなんだ！〉

と、批判の矛先はなぜか常にオレへと向けられ続けた。

ここでオレ的に大きな疑問があるのだが、こういうことを書く人たちは、プロレスと演劇を同じようなものとして観ているのだろうか、と。そうでなくては、「優遇している」なんていう言葉が出てくるはずがないからだ。

まあ、それはいいとしよう。どのように観ようと、それをどう捉えようとも、ファンは好き勝手に楽しめばいいだけなのだから。そして提供する我々は、どの

ように見られようとも、どう捉えられようとも、そこに不平不満があってもいいが、口にしてはならない。絶対に、仲間内以外には。

ネットによってすべてが身近になった悪影響

どうしてこの章で、わざわざこんな話を書いたのかというと……その前に、結局、ＴＡＪＩＲＩ体制というものは存在したのか？　しなかったのか？　オレの答えを記しておく。

あったと思われようとも、なかったと思われようとも、どちらでも構わない。ここまでさもなかったかのように書いてはいるが、口から出まかせと思ってもらったって構わない。何をどのように楽しもうとも、批判しようとも、それはすべてファンの自由だ。だから、何を言われようと、オレはありのままに受け止めるだけ。

むしろ、TAJIRI体制はあったと思われ続けたほうが、オレとしては好都合なのだ。なぜなら、その真偽をチラつかせることで、大金とは言わずとも、本書のように書くネタにしてしまえるからである。

これぞ「起きたことすべてをお金に変えるのがプロ」のマインドとして、自己弁護とともに、永遠の謎として小銭を稼ぎ続けたい。

長くなったが、この章で言いたいことをまとめておく。

ネットというものは、使う人次第で神の道具にもなれば悪魔の兵器にもなる。オレは正直、ネットがなかった時代のほうがいまよりはるかに人心は平和だったし、変なヤツも少なかったし、世の中全体がよっぽど過ごしやすかったと思うのだ。

さらに、ネットのせいで、人々が「すべてのものが身近にある」と勘違いし、ほとんどのもののありがたみが薄れてしまった。プロレスもその一つではないだろうか。

加えて、すべてが明らかでないと納得のいかない人間も増えた。その結果、曖昧だからこそいい部分や、いわゆるチラリズム的なものなど、本来、人間が楽しめるはずの微妙なラインの価値観が許されなくなっている。

いまのオレの究極の理想は、宇宙人がやってきて、ネットインフラを根こそぎ破壊し尽くし、それが二度と復興してくることのないよう、常に空から地球を見張っていてくれることであると、こうして、パソコンで文字を打ち、メール送信もしつつ、行動と矛盾していることを書いている。

しかし、そんなことは無理な話だ。なので、ネット空間を飛び交う情報によって、自分や周囲に何が起きようとも、すべてを受け止め対処していく以外に、選択肢はない。

何度も書いたように、プロと名の付く者は、降りかかるすべてのことをお金に変えていくくらいの図太さが必要だ。そこまで図太くなく神経が細かい人は、ネットに疲れたら、しばらく見ないで布団をかぶって寝てしまえばいい。

ここ最近、明らかに感じられる傾向として、情報が拡散する速度は速いが、消え去る速度も加速度的に速くなっているように思う。ちょっとした炎上なら、数日もたてば、ほぼ跡形もなく消えている。というか、次のターゲットへと移る速度が増しているのだ。

例えば、2023年11月、立憲民主党の塩村文夏《あやか》参院議員が、SNS上で「プロレス芸」という発言をしたことに対し、プロレス界の多くの者がこぞって反論した（塩村議員が国会で行った悪質ホストクラブ問題についての質問をめぐってデマが拡散。そのデマを指して〈最早、アンチのプロレス芸〉とXにポストした件）。しかし、その2か月後である本稿執筆のいま、塩村議員が謝罪したというオチがあったとはいえ、この問題をいまもああだこうだ言っている人なんて、どこにもいない。そんなものである。

飛び交う情報量は格段に増えたが、大半が大した中身もなく、枯れ葉のように軽いものばかりだ。これを言いたいがために、この章では長いエピソードを綴ったが、おそらくいまのプロレス界にも、ネットでの誹謗中傷に心苦しんでいるレスラーはきっといる。ファン同士の言い合いに巻き込まれ、心折れている人もいるだろう。

叩かれないようにと言いたいことはひた隠しにし、叩かれる者が現れたら一斉に姿を現して総攻撃する。とことんクソな、いまの世の中である。プロレスラーまでもがそれに倣《なら》ってしまったら、良い手本がどこにもいなくなってしまうではないか、プロレスファンにとって。

ネットで悪者にされた経験の多いレスラー代表として、オレはこの章を書かずにはいられなかった。

KYUSHU
PRO-WRESTLING

第9章

プロレスは中央から地方へ

九州プロレスにSMASHの世界観を見た

２０２３年1月より、オレは生活拠点を福岡に移し、九州プロレスへ移籍した。それによって、多くの気付きを得た。この章では、人生の残された時間における仕事の意義と、地方への移住という2つのテーマについて、プロレスと絡ませながら書いていきたい。そこにはあなたの人生にも良き影響を与える、なんらかのヒントが隠されているかもしれない。

九州プロレス移籍を思い立ったのは、いきなりや気まぐれからではない。そこには長い時間に及ぶ自問の末の決断と、それに合わせた綿密な準備があった。いまにして思うと、きっかけははるか7年前、２０１７年にさかのぼる。その年の1月、短期間だがWWEへ戻ったさい、すぐに膝を怪我してしまったオレは、パフォーマンスセンターで2時間ほど若手を指導したあとは家でゴロゴロする毎日を送っていた。

午後になると酒を飲み、パソコンでＹｏｕＴｕｂｅばかり見ていた。そんなある日、プロレスに関するドキュメンタリー番組をたまたま目にしたのだ。九州プロレス。その何年か前、一度だけオファーをもらったことがあったが、都合がつかず参戦できなかった団体。そんな認識しかなかった。

ただ、オレの故郷の九州の団体である。どんなものなのだろう？　興味が湧いた。

番組は九州プロレスのドキュメンタリーだったが、団体そのものというよりも、そこで闘うプロレスラーの生き様に焦点を絞った内容だった。自らの足で、朝から晩まで営業活動に飛び回る代表。デビューしたものの、なかなか芽が出ず苦しむ若者。そんな彼とは対照的に脚光を浴びる若者。施設へ慰問に行く所属選手たちなど。レスラーたちの光と影でいえば、影のほうばかりをクローズアップしていたように思う。

どこか、オレがプロデュースしていたＳＭＡＳＨの世界観と近いような気がした。そんなドキュメンタリーがＹｏｕＴｕｂｅに何本も上がっている。オレは全作、繰り返し何度も見た。毎日毎日。独りきりのアメリカで見ていると、やけに心に染み入ってくるのだ。しかしそんなことも、日本へ帰ってくるとやがて忘れていた。

プロレスに対して「不感症」になっていた

それから紆余曲折を経て、２０２１年１月にオレは全日本プロレス所属となった。しかし、この数年前の時点から、オレには自分をもっと売りたい、まだまだ上り詰めたいなんて気持ちはさらさらなくなってきていた。

そんなことよりも、若手を育てながらずっと全日本と関わっていけたら、その程度のつもりだった。週に3回、電車に揺られて、八王子から横浜にある全日本の道場へ行き、若手を教える。大会に出るときも、オレの出番は第3試合くらいでのタッグマッチで、それを無難にこなしていた。

まだ時代はコロナ禍から完全に立ち直っているわけではなく、地方巡業へ行くことはほとんどなかった。後楽園ホール、新木場1ｓｔＲＩＮＧ、横浜市保土ヶ谷公会堂、そのほか千葉などをはじめとする首都圏会場での興行を順繰りに回る。その繰り返し。特に客足が伸びている手ごたえがあるわけでもなかった。

そのうち、ある疑問が湧いてきてしまった。いまオレは、

残りの人生をただ惰性《だせい》で過ごしているのではないだろうか

――と。若手を育て、固定客のわずかな増減を気にし、特に明確なビジョンがあるわけでもない組織で毎日を過ごしている。そうした、この会社で行っていることすべてについてだ。

とはいえ、考えてみれば、オレ自身に今後の明確なビジョンがあるのかというと、何もない。オレの中で、もうプロレスは終わってしまったのだろうか――そんな状態がしばらく続いた。

それから1年が過ぎた2022年1月2日。その日は、全日本の後楽園ホール大会だった。昼興行で午後3時にはすべてを終え、JR水道橋駅に立っていた。その夜、新宿FACEで九州プロレス初の東京大会が開催されることを、オレは知っていた。

アメリカで観ていた、あの九州プロレス……なんとなく、行かないといけないような……面識のある九プロのばってん×ぶらぶらに連絡を入れると、「お待ちしてます！」との返事。オレは総武線に乗り、新宿へ向かった。

この時点で、オレは身の回りにあるプロレスに対し、鬱々《うつうつ》とした思いを抱いていることに気が付いていた。あまりにも多くの試合や情報があふれすぎているのではないだろうかと。それによって、プロレスに対して不感症というか、何を見ても、何が起きても、まったく刺激を受けなくなってしまっていたのだ。

喜怒哀楽が揺さぶられない、感動できない。そういう刺激を受けられるのは、海外の団体に呼ばれて、国外に出るときだけだった。そんな中だったので、遠い地方からやってくる九州プロレスが、やけに気になったのかもしれない。

そして、オレはこの時期に、佐賀県唐津市を何度か訪れている。福岡に住んでいた大学時代に一度だけ行ったことがあったのだが、何かのきっかけで再び訪れてみると、海と町が融合した風光明媚さにすっかり魅入られてしまったのだ。砂浜に立ち、青い海の向こうに浮かぶ島を眺めていると、「いつかここに住みたい」という気持ちが湧き、それに付随するように、

「オレが東京にいる理由は何なのだろう？」

という疑問が湧いてきた。

そんなタイミングでの九州プロレス――。

筑前理事長率いる九州プロレスに、SMASH に近い世界観を見た。

集客に苦戦する団体もある中で「無料開催」

新宿ＦＡＣＥはまだ一般開場をしておらず、ポッポッと選手が体を動かしている会場の客席に、背広を着た筑前りょう太理事長が座っていた。会うのは20年以上ぶり。お互いが修行していたメキシコ以来だった。だが、再会の会話に硬さはなく、オレはアメリカで九州プロレスの動画を見ていたこと、いま抱いているプロレスへの気持ちなどを包み隠さず話していた。彼には、そういう話をしてもいいような気がしたのだ。

筑前さんからは、九州プロレスで何をしようとしているのか、プロレスに対してどのような思いを抱いているのかを、じっくりと聞いた。筑前さんはプロレスの話をしていても、その根底にあるのはビジネスへの展望ではなく、生まれたからには何をするべきかなどのロマンを語っているように、オレには感じた。

そういう話をしたあとで観た試合だったせいか、この日の第1試合から、それはいつもの見慣れたプロレスとは何かが違う……そうだ、これは大学時代に博多スターレーンでピュアな気持ちで観ていたあのころのプロレス……のような気がしてしまったのは盛りすぎだろうか。それ以来、オレは九州プロレスが本格的に気になり始めた。

参戦してみたい——。その思いは半年後に、TAJIRIによる「九州プロレス侵略」という歪んだかたちで具現化する。

九州プロレス侵略の初戦は2022年6月11日、福岡県飯塚市大会だった。博多から車に乗り、山道を走ること1時間弱。途中は熊やイノシシが出そうな、昼なお暗き山中。こんなところでプロレスをして人が来るのだろうかと考え始めた矢先、文明の香り漂う町がいきなり目の前に開けた。

すぐ向こうを、緑濃い山が壁となり、小さな町をグルリと囲んでいる。会場は古く、昭和感漂う町立体育館的なビジュアル。すでに多くの人たちが入場待ちの列をなしていた。オレに割り当てられた控室の窓から外の光景が見おろせたのだが、次から次にやってくる人の波は途絶えることがない。

しかも、親御さん一人につき、お子さんが1人か2人同伴している。なので、会場内のほぼ半分は子供たちだった。東京のプロレス関係者は、「子供のためにマスクマン（覆面レスラー）は必要」などとよく口にするのだが、いまの東京のプロレス会場のどこに子供がいるというのか。しかし、九州には本当にいた、子供たちが。

場内は、立錐《りっすい》の余地もないほどの超満員だった。500人以上は入っていただろう。後楽園ホール以外で、そんなプロレス会場は久しぶりに見た。しかも、入場は無料だ（基本、無料開催が九州プロレスの常態）。

だが、たとえ無料であろうとも、いまどきのプロレスでそんなに人が集まることは、オレの知るかぎりまれであった。なにしろ、招待券をばらまいても会場ス

めんたい☆キッドと子供ファン。会場の半分は子供たちだ。

カスカな団体だって、いくつもあるのだ。

どうして、こんなにお客さんが入っているのか？　そもそもどうして、入場無料で成り立っているのか？

関係者に尋ねると、「いつもそれくらいは入っている」と普通の顔での返事だった。さらに、飯塚市内35社などの協賛により無料開催ができているのだと。

おそらく九州プロレスは、うまく浸透させることに成功したのだなと思った。プロレスの面白さを、プロレスを知らない一般層に。

いまや東京でプロレスを観にくる人のほとんどが「マニア」だ。しかし、地方にはマニアなんてほとんどいない。なので、ターゲットは確実に異なっているはずだ。そして、プロレスとは本来そういうものだったのではないか……思考を巡らせているうちに、大会開始のアナウンスが流れた。

試合開始前、ばってん×ぶらぶらが子供たちをリングに上げ、プロレス教室を行った。それを終えたら、プロレスのルール説明がある。

◎レフェリーがマットを3回叩くまでに肩を上げられなかったら負け
◎降参したら負け
◎悪いことを5秒以上し続けたら負け

などを、子供たちにしっかりと説明している。プロレスを見慣れた人にとっては「何をいまさら」だろうが、プロレスが地上波で放送されていない現在、子供たちがプロレスを知る機会はどこにもない。ここまで説明する必要があることは間違いなかった。

ちなみに、かつてオレが回していたSMASHやWNCでも、子供をターゲットに無料プロレスを開催するさいは、幼稚園教員の資格を持つ児玉裕輔を試合開始前のリングに上げ、それと同様の説明を毎回必ず行っていたものだ。

こうしてスタートした九州プロレス。第1試合に出場し、桜島なおきに勝利したオレは、第2試合以降を会場の端からとくと観戦した。どの試合にも、複雑な攻防や危険な技は一切ない。マニアではない一般層を相手にそんなことをしても、何一つ伝わらないのだから、この団体では自然とそういう試合をするようになったのだろうと思った。

しかも、善と悪の対立構図を、試合開始当初から明確にするよう各選手は意識している。そこに漂っていたのは、昭和プロレスの香り。その片鱗《へんりん》は、新宿ＦＡＣＥで観戦したときにもうすうす感じてはいたのだが、旧来のプロレスでこうして一つの大会を成立させていることにオレは驚愕したし、より一層強く九州プロレスに魅入られてしまったのだった。

人生の残り時間から逆算して仕事を考え直す

初参戦したこの大会を終えた時点で、オレの中では九州プロレスに入団したいという気持ちが固まっていた。オレのプロレス観をしたためた本書をここまで読んでこられたかたなら、それも理解していただけることと思う。

要は、オレの理想とするプロレスが九州にあった。そして、そんな団体で若者を育成し、これまで培った自分の知識と経験を生かして、プロレス人生の最後を締めくくりたい。そういうつもりで、オレは九州プロレスへ移籍したのだ。2023年1月のことである。

そのとき、オレは52歳。プロレスに限らず、なんの仕事に就いている人でも、今後の人生を考えてしまう歳である。人間なんて、生きてせいぜい80年か90年。実際、思ったように動き回れるのが70歳くらいまでだとしたら、実質人生、あと20年もないのだ。

そして、

人生は後半になればなるほど、加速度的に時間の流れも速くなっていく。

それは、谷底へ近づくほど水の流れが速くなるようなものと、オレは解釈している。そんなときに九州プロレスと出会えたことは、実にラッキーだったと思うしかない。

残された時間は長くはなかった。なので、悔いなく生きるために行動に移った。ただそれだけのことである。

仕事とは、自分が理想とすることを実現するためのツールだと思う。いまのオレが理想としている今後は、残されたレスラー人生を、マニア向けではない旧来志向のプロレス団体でまっとうすること。国の内外を問わず、若い選手を育成すること。そして、いつか住むつもりの唐津へだんだんと近づいていくこと。そのためには、九州プロレス移籍がベストだったのだ。幸い、オレのこうした理想を筑前さんも「よし」として受け入れてくれた。

やりたくもない仕事をしなくてはならない人生はつらい。しかし、この意味がわかるだろうか。

好きなことを仕事にしてしまえば、仕事をしなくてもよくなるのである。

そういう人生が送れることを、一人でも多くの若い人に知ってほしい。そうすれば、人生は楽しいだけだ。それがオレの仕事観である。53歳のいまになろうとも、その考えと生き方は変わらない。

東京と福岡——プロレスラーをめぐる違い

そうして渡ってきた九州。オレは住居を見つけるまでの3か月間、九州プロレスの寮に住まわせてもらっていた。もともと、大学時代に4年間住んでいたので、福岡に土地勘はある。

まずは、足となる自転車を買った。ちなみに、オレは長年のプロレス生活で動

九州に拠点を移し、これからの人生に不要なものを削ぎ落としている日々だ。

眼神経をやられており、眼球の動きに問題があるので、車の運転はもうできないのだ。

福岡は東京と比べて、食い物がうまい。モノによってはいろいろと安い。すぐ近くには自然がある。人々がギスギスしていない。電車に長時間乗らなくても、不便はない。そんなよい場所であることは知っていた。

『少年とリング屋』

そして、改めて地方に住んで、ある大きな発見があった。九州へやって来て、すぐさま経験したあるエピソードからひもといてみる。

九州に来て2か月後の2023年3月、オレは新刊を出した。初の小説集『少年とリング屋』（イースト・プレス）である。担当編集者さんからの「九州各地でプロモーション展開をしたい」という連絡を受けたオレは、まずは各方面に顔の広い阿蘇山選手に相談してみた。

「よかですよ、まかせてください！」

一言だけそう返事をした阿蘇山。すると翌日には早くも「熊本の新聞社が取材したかそうですもん」と。その翌日には「熊本の大きな書店が即売会ばしたかそうです」、さらには「博多の大きな書店も」「福岡の新聞社も取材ば」と、次から次。そういった協力者を東京で探すとなると、様々なしがらみ、同じような多くの案件など、障壁となるものがたくさんあり、思うようにはなかなか決まらないものである。だが、地方ではこうしてどんどん見つかってしまったのだ。

あらゆるものがありすぎる中央の弊害

何が違うのか？

一つは、情報が届きやすいのだろうなと感じた。つまり、中央ではあまりにも多くの情報が入り乱れすぎていて、見逃される確率も高くなる。情報が少ない九州では、それが少ない。

そして、いまの世の中で人気ジャンルとはいいがたいプロレスとは言え、一応プロレスラーは「特殊な」存在ではある。そんな存在を多少なりともありがたがってくれるのか、面白がってくれているのかはわからないが、興味を持っていただけるケースは多い。そんな効力が、中央よりも地方のほうが圧倒的に強いのではないかと感じるのだ。

福岡の某団体に所属する某選手から聞いた話なのだが、本業でパーソナルトレーナーを営む彼は、すでに二人の子供が大学へ進学するための資金を、トレーナー業だけで稼ぎ終えたというのである。

もちろん、彼にトレーナーとしての手腕もあったのだろうが、本人いわく、「それもやはり、オレがプロレスラーだからなんですよね」とのこと。プロレスラーがトレーナーをやっていることが武器になっているということなのだろう。そういった効力が、地方は中央よりも強い。それは言い換えれば、

「本来の価値を正当に評価してくれる」

ということであり、特にオレたちプロレスラーからすれば、

「望みが叶いやすい」

ということに繋がっていくのではないか。いや、プロレスラーだけにかぎらず、一般の人にとっても。場所を選ばないのであれば。

中央に比べ、地方は人や物事の価値を正当に扱ってくれることが多いような気が、オレにはしている。ただし、何かを一生懸命にやっていれば、という但《ただ》し書きが付くのだが。そうであれば、その人の話を聞いてくれる人がたくさんいるというか、圧倒的に届かせやすいような気がしている。

これも情報量の件と同じで、「特殊な存在が中央に比べて少ないから」ではないだろうか。特殊なものや主張に対し、人々が興味を持ちやすい土壌があるとオレは思う。逆に言えば、

中央は、情報の数も特殊な人の数も多すぎて、受信する側のアンテナがすでに麻痺《まひ》していて届きにくい

とも言えるのではないか。それはプロレスにおいても同様で、いまや中央で開催される大手および準大手団体によるプロレスは、「あらゆるものがありすぎることによる弊害」の真っ只中にあるのではないか。別に、それが悪いと言っているわけではなく、そういう状況にあるのではないかと、ただそれを言いたいだけである。

そして、こうも思うのだ。もしかすると日本は、世界は、すでに様々な構造が変わり始めている。いや、もうとっくに変わってしまったのではないのかと。

九州で変わった「歩くスピード」

では、そんな九州に来て、オレ自身は良かったのかというと、これが最高に良い選択だったと思わざるを得ない毎日を生きている。

まず、仕事で電車に乗る機会が皆無となった。全日本に所属していたころは、週に3回道場にかよっていたが、朝8時半の電車に乗り、途中で乗り換え、最寄駅からはバスに乗って向かうという、1時間以上も移動に割かれていた。10時から午後1時まで指導し、それから同じルートで戻ってくる。さらには都内の湯島にあるオフィスや、関東近郊の会場への移動も電車だった。

それがいまは違う。道場までは自転車で2分。オフィスや寮にも10分ほどだ。試合の日には、会社の車がオレの自宅まで迎えに来てくれる。電車に乗る機会はまったくない。細かい話をすると、毎月の交通費の支出が、電車代だけで何万円も減っている。

そんな生活を送っていると、何がどう変わってくるのか。

まず、有意義に使える時間が増えた。電車に乗る時間がなくなったのだから、これは当然である。そして、有意義な時間と反比例するように、ストレスが減っていった。

九州に来てよくわかったことだが、電車に乗るという行為だけでも、人間はどれほどのストレスを受けているか。座りたいのに座ることができず、空席を見つけても奪い合いとなり、車内にはムカつくヤツがいて、駅に着いたら今度は歩き、やっと家に辿り着くころにはやりたいことも充分にやれない時間となっており、体力も著《いちじる》しく消耗している——。

余談なのだが、東京から九州へ遊びに来た古い付き合いの友人にこう言われた。

「歩くのが遅くなってますよ」

博多で彼と落ち会い、なんだかやけにセカセカ歩くなと感じていたら、そうではない。逆だったのだ。オレが遅くなっていたのだ。以前は彼が置いていかれるほど、オレの歩行は速かったそうなのだ。

いまの自分にとって本質的に必要なものとは

人生の時間を有意義に使えるようになり、ストレスも減った。それは言わば、不必要だったものを削《そ》ぎ落としていく人生を、オレはおくり始めることができているということである。

これからはますます、自分にとって本当に必要なものだけで周りを固めて生きていこうと決めている。少しでもストレスになるものは、一切排除。ありがたいことに、いま現在、九州プロレスの業務でストレスを感じたことは一度としてない。それはおそらく筑前理事長が「向き不向き」を見抜いて、オレを巧く使いこなしていることもあるのだろう。仕事でストレスを生じさせない会社、それってものすごいことじゃなかろうか。

そして、以前と比べてオレが最も削ったもの。それは「情報」である。寮に住んでいた最初の3か月。寮には、テレビがなかった。これまで見る人がいなかったのか、もともと置いていなかったそうなのだ。オレはネットのニュース程度はちらちら見てはいたものの、世の中で何が起きているかを、この3か月間ほぼ知らないままに生きてきた。しかしそれでも、困ったことなんて何一つとして起きていない。

パンデミックも、戦争も、テレビを見なくなったと同時に自分の世界から消滅した。ほんと、あっけなく。以前は、ニュースを見ていないと何かに置いていかれるような強迫観念があった。それが理由でテレビを見ていたのではないかとすら思う。

そして現在、寮を出ていまの住居に住み始め、阿蘇山から巨大なテレビをいただいた。なのでいま、オレの家にテレビはある。ただ、3か月の寮生活を経て以降、テレビはオンタイムで見るものではなく、もっぱらＹｏｕＴｕｂｅ再生装置として、昔のアニメを見たり洋楽を聴いてばかりいる。

さらに、プロレスマスコミ発の類はまったく見ていない。twitter（X）では様々な情報が流れてくるので目にはするけれども、そのほとんどが脳を素通りしているだけであるのは、オレだけではないだろう。

そして、そんな日常になって以降、困ったことなんて何一つとして起きてはいない。

不勉強のツケがあとから回ってくると思う人もいるかもしれないが、仮にそうだとしても、たいしたことはきっと起こらないと確信する。なぜなら、オレはメキシコやアメリカに住んでいた合計8年間、日本で何が起きていたかなんてほとんど知らないままに過ごしてきたのだ。それでも帰国後もいまも、日本で普通に生きてメシが食えている。

それでは、生きていくうえで真に必要な情報とは、なんなのか？

かなり感覚的な言い回しになってしまうが、それは世の中の「真理」にまつわる情報ではないだろうかと最近では思うのだ。いや、情報という言い方はふさわしくなく、「知識」とでも言おうか。世の中の真理にまつわる知識。

いまにして思うと、海外にいた8年間は、生きていくうえで本当に必要なこと＝真理を学べた。知識や経験を身に付けることもできた。不要な情報を排除できていた。まさに、ガラスのように澄んだ時間だったのではないだろうか。

中央でやるべきことはやり尽くしたいま、不要な情報は寄せ付けず、そんなものに惑《まど》わされることもなく、世の中の真理だけを吸収し、プロレスの真理だけを教えていきたいと思うのだ。

情報の洪水の中で溺れそうになりながら、何が本質的に自分に必要なのか識別もできないような中央から、未来永劫不変の聖書をじっくり読んでいられる地方に、オレは移住することができた。

コロナ禍以後、中央の都会を離れて地方のまちへ移住する人々が増えているのは、単にリモート勤務が可能になったという会社のシステム上の理由というよりも、オレと同じような感覚に目覚めた人が増えているからではないだろうか。

53歳のいま、プロレスに関わりながら2024年の九州にいるからこそ見えてきたことである。

第10章
達成感の最終回を探す旅へ

プロレスデビュー30周年に思うこと

達成感の最終回を探す旅――。

東京を離れ、九州へ辿り着いたいまのオレは、そんな旅のさなかにいるのだと考えている。2024年でちょうど30年、プロレスを続けてきた。一選手としてリングの上でやり残したことは……おそらく、もうない。

何かのベルトを欲しいとは思わないし、メインの試合に立ちたいとも特に思っていない。それこそ、第1試合のタッグマッチで相方の曲で入場したって全然構わないのだ。入場前に若い子や団体のフロントに、「いちばん最後にコールされますので」など気を使って言っていただくと、即座に「なんでもいいんで、本当に！」と、つい反射的に答えてしまうオレがいる。一瞬でも、まだそんなことにこだわっていると思われるのが恥ずかしいのだ。

そういうことへのこだわりを持つ選手の話を聞くと、「プロレスラーはプライドを持ってかくあるべし！」という意見のかたも多い。だが、オレ個人としては、いい歳こいてそんな小さなこだわりに縛られながら生きているオッサンなんて、全然かっこいいとは思えない。これは、レスラー個々の美学の問題だろう。

この最終章でも、一字一句あますところなく「オレ個人の」考えとして書き記すものであることを、まず最初にお断りしておく。そして、その考え方を誰かに強要したり、正当化するつもりは微塵もないので、そのあたり、ご承知いただき読み進めていただければと思う。

天龍さんの技「53歳」を考える

いまのオレは、試合を通して後進たちへ「オレが知り得る限りの」プロレスを伝えるためにリングへ上がっているつもりである。生計を成り立たせることを抜きにして。

そんなファイターらしからぬ考えでいながら、いまでも上がれるリングがあるのは幸せなことだ。

2023年9月、オレはいつの間にか53歳になっていた。53歳と言えば天龍(源一郎)さんが「53歳」(滞空時間が短い垂直落下式ブレーンバスターとでも言おうか)という技を使い始めたのと同じ年齢である。

そのころのオレは33歳。WWEに所属していた時期で、「53歳」を駆使する天龍さんの写真を日本から送られてくる雑誌で見ては、「いつまでもすごいなあ」と思ったものだが、ふと気が付くと自分が同じ歳になってしまっている。

それにしても、あのころの53歳と言えば、レスラーとしてすでに満身創痍《まんしんそうい》で終わりかけている歳というイメージが強かったのだが、いざ自分がその歳になってみると、どこも痛くないどころか、悪い箇所なんて一つもない。唯一、腰痛だけは慢性的だが、それとて特に酷いというほどでもなく、まあこの歳になれば誰でもこれくらいは痛かろうという程度である。

大きな怪我もなく、この歳までプロレスを続けられている。好きなことでずっと食っていけている。それはとても幸せなことである。そして、好きな仕事に就いている人の人生の時間の流れは、そうではない人より速いのかもしれないと思うようになってきている。

ここ最近、特に九州に来てからは、加速度的に時間の流れが速くなった。それは、いまの生活が楽しすぎるからでもあるのだが。正直、これまでの人生でいまがいちばん楽しいかもしれない。会社に変なヤツは一人もいないし、満員電車に乗ることもない。これはきっと、いままで頑張ってきたオレに対するプロレスの神様からの人生のボーナストラックなのではないかとも思う。いまの生活がずっと続けば、の話だが。

50代がまっとうすべき役割とは何か

オレはいったい、いくつになるまでプロレスを続けるのであろうか。引退はいつになることやら。なにしろどこも悪くはないし、いまだに技術も進化している……つもりである。

大技や飛び技を一切やらないくせに何言ってんだ！　と言われそうだが、実はオレはいまでもムーンサルトくらいは平気でこなせる。しかもピョンピョンとトップロープへ一気に駆け上ってである。道場でブワブワのマットを敷いて、ときどきやってみているのだが、ああいうものは一度できるようになってしまえば、きっといつまでもできるものなのだろう。自転車の乗り方を、体がいつまでも忘れないように。

そもそもムーンサルト自体がそれほど難度の高い技ではないのだが、ではどうしてそういうことを試合で披露しないのかというと、そんなものを使わなくても、いや、使わないほうが「いまのオレらしい」試合ができてしまうからである。

先ほど「いまだに技術も進化している」と書いたが、「歳相応のプロレスに日々変化し続けている」と書いたほうが的確かもしれない。20代には20代の、50

代には50代のプロレスがある。そして、同様に「まっとうすべき役割」というものがあると思うのだ。それもあって、大技も飛び技もやらないのである。

そうすればプロレスは、いくつになってもやれるのではないかと感じている。

本来、危険な技や派手な攻防などを駆使しなくても、しっかりと成立するようにプロレスはできている。


よく口にする言葉だが、スポーツでも格闘技でもない表現の世界、それがプロレスである。表現に終わりがないのであれば、引退がいつになるかなんて考えられるものではない。きっといつか、若い子たちへプロレスを伝える役割をまっとうしたら、次の人生のステージへスライドして、自然消滅的に引退しているような気もしている。

だからオレは、引退試合もしないかもしれない。「結果としてあれが引退試合になっていたね」と、次のステージで関わるプロレス好きな人たちと、そんな話ができていればいちばん幸せだと思うのだ。

オレはいま、夜の道場で稽古をすることが多い。昼間は教える立場なので、自分のことは一切やらない。いったん帰って、少し休んで、道場へ。夜の9時とか10時に独り道場へ行くのである。

近所迷惑になるので、リングで音は立てない。踏み台昇降と、腕立て、スクワット、腹筋、背筋、ブリッジ。仕上げにパイプ椅子とロープを使った自重ウエイトなど、プロレス古来の稽古を1時間半ほどやる。それを週に5回はこなしている。

しかもその間、電気を点《つ》けず、真っ暗闇でおこなうのだ。暗闇の中で繰り返すこれらの運動は、「動的な坐禅」とでも言おうか。最初はあれこれ考えながら行うのだが、そのうち頭の中が無になってきて、まさに瞑想の世界へ突入していく。この稽古が、なんだかやけに心地いいのだ。それもきっと試合と同じく、歳相応な変化なのだろうと考えている。もう、そういう歳なのだ、オレも。

いつかこんなふうには動けなくなったとき、このいまの夜の稽古の日々も懐かしく思い出す日が、それこそあっという間に来てしまうのではないのかと思う。暗闇をじっと凝視していると、そんな未来の自分の気持ちが、手触りがあるかのようにわかる気がしてくるのだ。

武藤さんはいまのプロレスに夢中になることを卒業したか

そんな具合に歳を積み重ねているオレは現在、「いまのプロレスで起きていること」に対し、まったく興味がなくなっている。ただし、ここで言う「いまのプロレス」とは、マ、ニ、ア、に、向、け、た、そ、れ、い。本書をここまで読んでいただけたかたであれば、そのニュアンスはきっと理解してくれるのではなかろうか。

「いまのプロレス」とはそういった概念的なことであって、特定の団体や選手を指して、ああだこうだという話をしたいわけではない。このあたりはくどくど説明していてもきりがないし、バカくさいので、話を進める。

九州プロレスにやって来て1年、オレはこの間、プロレス雑誌を開いたことなんておそらく数回しかない。会社に行けば置いてはある。しかし、視界に入っても手にすら取らない。まったく興味が持てないし、読んだところで書かれていることが毎回同じにしか感じられないのだ。誰がどこのチャンピオンで、誰がいい選手で、誰と誰の試合が良かったとか。そういったもので心を揺さぶられることがまったくない。

それでも、プロレスはやめられない。なぜなら、いまのプロレスで起きていることに興味はなくとも、プロレスの根底そのものはやはりいまでも面白いし、プロレスラーの生き様も、やはり変わらず面白いからである。

そういえば、この本を書いている最中、武藤（敬司）さんのこんなインタビュー記事を目にした。

〈ノアにもABEMAにも関わっているんだけど俺の日常にプロレスがねぇんだよ。見ようと思えば見られるんだけど、見たいと思わしてくれねぇんだ

よ。プロレスがなくても生きていけるんだよ。それが怖いよ。辞めたからあえて言えるんだけど〉

（2023年12月23日付・スポーツ報知より）

武藤さんの61歳の誕生日に開かれたNoahの大会でのコメントだ。

人間である以上、武藤さんが語ったこのことは、当たり前の現象であるような気がオレにはしている。若いころはヘビメタが好きでも、歳をとると演歌に心落ち着いてしまうように（「オレは」ね）。

武藤さんは、いまのプロレスで起きていることで夢中になることを、すでに卒業してしまったのではないだろうか。

世の中に対して言いたいことを代弁するプロレスラー

叩かれることを承知で繰り返すが、オレには、いまのプロレスで起きていることがまったく面白いと感じられない。

この1年間で唯一これは面白いと感じたものは、年末年始にかけての全日本プロレスで福田剛紀社長が顔を白塗りにして、志村けんのバカ殿様のような格好で登場したり、全日本に女子団体「アクトレスガールズ」を持ち込んださいの騒動くらいだ。

福田社長のバカ殿ぶりや、全日本のゴタゴタが面白かったのではない。いまのプロレス界に、本当に久しぶりに「想定の範囲外」のことが起きたからである。オレは、福田社長のことはよく知っている。人柄も含めて。その福田社長があんなことを仕出かすだなんて、一体何が起きてしまったのだろう。それを見てオレは、ワクワクした。

昔のプロレスには満載だったそんなワクワクが、いまのプロレスにはほとんど見当たらなくなってしまった。そう考えれば、あの福田社長のバカ殿様は「事件」だった。そして、昔のプロレスには、常にそうした事件があったのだ。

プロレスから「事件」がなくなったのはいつのころからか。どうしてなくなってしまったのか。そういうものが好まれなくなったからだろうか。だとしたら、それはなぜか。

もしかすると、非日常の刺激を求めて観にいくものだったプロレスが、日常での疲れを癒やしにいく場所へと変わってしまったのかもしれない。

刺激的なことはほとんど起きない、みんなで安らぎを共有する場所にプロレスは変わってしまったのではないか。確かに最近では、ラストはハッピーに終わるプロレスが増えているように思える。変な野次を飛ばせなくなった最近の会場は、誰かの心を悪い意味で揺さぶるものが「あってはならない」という空気に包まれている。そうした理由によるものではないのか。これは、いまの時代そのものではないだろうか。

頭の中で思うのはいいが、本当のことを口に出して言ってはいけない。そんな空気感。ネットには個人の本音が氾濫しているというのに、世の中にはそんな矛盾が広がっている。しかも、そんな「個人の本音」の多くは匿名である。

そういえば最近の会場では、試合ではなく携帯ばかりを見ている人が実に多い。野次や声援の出口が生ではなくバーチャルなのだ。これも時代なのだろう。

しかしオレには、そんな時代がいいだなんてこれっぽっちも思えない。だからこういうこともあえて書いてしまうし、「やめたからあえて言えるんだけど」という武藤さんのように賢くもないので、現役でありながらも我慢できずにこうして書いてしまっている。

プロレスが、そんな時代と歩調を合わせてしまってはダメなんじゃないのかと。間違っているかもしれないことでも、自分の信じたことは声高に主張していく姿を晒《さら》すのも、プロレスラーの本来の役割ではないのかと。

かつてのアントニオ猪木も、前田日明も、佐山サトルも（ここでは3氏、あえて敬称略とする）、言いたいことはすべて口に出していた印象がある。彼らは世の中に対し、我々の気持ちを代弁してくれる存在だったと思うのだ。だから、頼りがいがあった。いまのプロレスに、頼りがいのあるレスラーが一人でも存在するだろうか。

全日本・福田社長の「バカ殿」はなぜ必要だったか

オレは、白塗りの福田社長に久々に興奮した。やっていることの次元の問題はあるとしても、そこには事件性とともに、「誰になんと思われようとも、やりたいようにやる」「悪名は無名に勝る」的な、久々に本来のプロレスらしい反骨心を感じたからである。

そして実際、オレと同じように感じていた人も、実はかなり多かったと思うのだ。特にいわゆる「王道マニア」ではない、もっと遠くから全日本を眺めている層には。

王道マニアにとっては受け入れがたい事態だったに違いない。しかし、いまのプロレスがかつてに較《くら》べ人気が衰退してしまった大きな原因の一つは、「どこの層を相手に商売をするか」というターゲットの絞り込みを、確実に来てくれそうなマニアへと定めたまま突っ走ってきてしまったことにある、とオレは感じている。

そうならざるを得ない事情もわかる。オレ自身も自分で団体を回していたときの末期には、そんな負のスパイラルに完全に陥っていた。

しかし、それでは規模がどんどんミクロ化していくだけだ。それでも当面をしのぐためには、確実なお客であるマニアを狙うしかない。まさに悪循環。

だがマニアとて、いつまでも観続けてくれるとは限らない。何かにハマると猪《ちょ》突猛進《とつもうしん》、それがマニアの体質である。だからいまのプロレスは、常にグラグラな橋を渡り続けている状況にあるとオレは考える。

「今月も後楽園の観客減ってたなあ……。次回はどんな手を使って集客したらいいものか……」

そんな閉塞的な世界でのプロレスを繰り返しているうち、オレはいまのプロレスで起きていることにまったく興味が湧かなくなってしまったのだ。実は、武藤さんも同じなのではないかと、前掲の新聞記事を見た瞬間にそう感じもした。これは勝手な憶測だが。

オレと同じような考えを持つレスラーも、実は決して少なくはない。ここまで明確な言葉にはしていなくとも、プロレスで食っている者は自分の商売をそれなりに分析もするので、実は皮膚感覚でわかっている者は多いのだ。

それでも状況が変わっていかないのはなぜかと言うと、どの組織も目先に必要なものに追われているのが実情だからである。だから、オレがこうして書いていることなんて単なる綺麗ごとにすぎないかもしれない。

それでも、これは何かで読んだ誰かの言葉なのだが、「綺麗ごとに近づけようと努めるのが大人の心得」なのである。

不特定多数に元気を届ける――筑前さんの思想

ここから先。これを書くと、「結局は、いまの自分の団体の宣伝がしたいだけじゃん」と言われそうなので、書くべきか書かざるべきか悩ましいところだったのだが、書くことにする。

オレが九州プロレスに来た理由の一つは、筑前理事長の思想に共鳴したことが大きかった。

筑前さんのインタビューに、その骨子が語られている。以下、抜粋する。

〈僕は24歳のときにメキシコでレスラーとしてデビューして、35歳で起業しているんです。それまでの9年間、国もいくつか跨《また》いでいろいろな団体で経験を積んできた。そこで得た学びだったり痛みだったりを形にしたのがこの団体、というところでしょうか。

一つには、限られた人にしか選手の元気を届けられていない、これはある種の社会的損失ではないかという思いがありました。九州プロレスを旗揚げする前、千葉の「KAIENTAI DOJO」という団体にいた時期があるんですが、そこでは毎週、倉庫のようなところで試合をやっていました。その中で完結していたんですよ。

あくまで一例ではありますけどね。それが本当にもったいないと感じていました。日本におけるプロレスはもともと戦後復興期の街頭テレビから始まったもの。そこにたくさんの人が集まって、空手チョップで外国人をやっつける力道山に声援を送っていた。そうやって不特定多数の人に元気を届けたのが日本のプロレスの始まりですから。

若手時代に修行で訪れたメキシコでも似たようなことを感じました。メキシコではプロレスがサッカーと並んで人気ですが、客層は明らかに違うんです。サッカーのスタジアムには綺麗な身なりをした人たちがいっぱいいるけれど、プロレスの会場にいるのはみすぼらしい格好をした貧しい人ばかり。

そういうところからも「プロレスは一体誰のために存在しているのか」ということを感覚的に学びましたね。

まさに今立ち上がろうとしている人、そのための元気を欲している人たちのためにこそ僕らはいるんだと思いました。そういう人に元気を届けるためにプロレスは存在しているんだと〉

（2024年1月10日付・ジモコロ『「あれは九州のキリスト様」奇跡のローカルプロレス団体はたった一人の想念から生まれた：筑前りょう太インタビュー』より）

プロレスに対する筑前さんの思想には、オレがいまでも面白いと感じているプロレスの根底がしっかりと保存されていたのだ。だからオレは九州に来た。

「本物の達成感を得よ」とオレは若手を洗脳する

綺麗ごとに近づけようと努めるのが大人の心得、なのだろう。だが、いまのプロレスを面白いと感じて、それにお金を払ってくれる層は、頑として存在している。というか、そっちのほうが実は大多数である。なので、そちらをターゲットにするのは商売としては本来当たり前のことであるし、オレのような感覚の持ち主はきっと少数派だろうから、そういう観点の商売には向いていないのかもしれない。

最初に述べた通り、ここではオレ個人の考えや感じていることを好き勝手に書いているだけである。そうすると、同じような思想を語っていても、筑前さんの言葉は人々の心にスッと溶け込んでくる建設的なものに感じられるのに対し、オレの言葉はトゲトゲしくイヤミな、それこそいままでも「洗脳説」を目論《もくろ》むとんでもないヤツのような評価を得てしまうのだ、という自覚は充分にある。

であれば、最後に、若い子たちを洗脳してしまうのである。プロレスラーを目指す、あるいはすでにリングに上がっている若い子たちにとって、いつかほんの少しでも参考程度にでもなったら幸いと思いながら。

この業界には、いや、世の中には、幸せに生きていない者がたくさんいる。プロレスで言えば、まだまだ有名になりきれていない、まだまだ全然稼ぎきれていない、まだまだ尊敬され足りていない、もっともっと俺はやれるはずだ、と不満を抱きながら生きている者たち。

なぜそうなってしまうのか。あるいは、そうならないためにはどうしたらいいのか。それには、

いつか必ずプロレスで達成感を抱くことが大事だ

と、そのことを強く意識しておくべきだと思うのだ。ある程度のキャリアを重ねたなら、いちばん大切なのは、達成感をいだくことではないかという気が最近ではしている。だから、

納得いくだけ稼ぎ、名前を売り、もう自分が出しゃばらなくてもいいんじゃないか？　と、自然に思えてしまうまで、やるべきことをやり尽くしてしまう

ということである。

世間一般の皆様の世界で言えば、とにかく仕事で名を上げ、功を成してしまうことだ、他人以上に頑張って。そういうサイクルが、以前よりも速い速度で必要となっているような気がする。

いくつになっても達成感を抱けない者は、自分を少しでも上げるための小さなこだわりを常に抱いて、神経質に生き続けなくてはいけなくなってしまう。つまり、永遠に苦しむことになってしまうのだ。まさに、終わることのない無間《むげん》地獄である。

しかし、いまの日本のプロレス界の構造では、達成感を持つことがなかなか難しいかもしれない。その理由の一つは、たいして稼げないからである。オレがこれまで教えてきた数多くの子たちの中でも、本当にプロレスだけで人並み以上に暮らしている者は5人といないのが日本のプロレスの現状だ。
だからオレは、難度は高くとも、最も確率的には高い手段として、海外志向を持っている子には昔から言い続けている。この世界で生きていくなら、とにかく一度アメリカに行ってみるべきだよ、と。海外志向のない若い子は、もっと多くの一般層が会場へ足を運んでくれる日本のプロレス界を築きなおすしかない。

オレなりに、そのヒントになるのではと思えるものは本書の中であちこちに書いた。知り、考え、悩み、行動し、そして、達成感を抱いていただきたい。自己満足ではない、自他ともに認める本物の達成感を。永遠に苦しむ人とならないために――。

（了）

人生には達成感が必要だ。プロレスを志す者よ、海を渡れ――。

解説――「プロ」としての哲学の在り処

川添　愛（言語学者）

初めてＴＡＪＩＲＩさんの試合を観戦したとき、序盤で目にした「場外に出る動き」が強烈に印象に残った。腹ばいの状態で、怪しげな表情を保ったまま、目線はずっと対戦相手からそらさず、腕だけでするすると後ろに進む。その動きを見ただけで、「あ、この人は〝曲者《くせもの》〟なんだな」と理解できた。そして、「これからいったい何を見せてくれるのかな」とワクワクしたのを覚えている。

プロレスに限らず、あらゆるジャンルにおいて、他人に期待させることがいかに重要かは言うまでもない。人間は、面白いものを見せてくれそうな存在に注目する。小説や漫画でも、読者に「このキャラはこれからどうするんだろう」と想像させることができたら、そのキャラの造形はひとまず成功していると言える。

もちろん、期待させるだけではダメだ。他人はいつだって贅沢だし、ときに辛《しん》辣《らつ》だ。期待から外れすぎると「がっかりした」と言うし、想定の範囲内に収まると「つまらない」と言う。試合中のＴＡＪＩＲＩさんは、タランチュラや毒霧といった技を繰り出すことで、観客の「この人はきっと、普通じゃないことをするはずだ」という期待のベクトルに寄り添いつつも、技の美しさやタイミングで「あっ！」と言わせる。

そして、フィニッシュ技はバズソーキック。ＲＰＧにたとえれば、高レベルの魔術師だと思っていた人が、実は剣の名手でもあったような意外性。この人の試合にはストーリーがある、と思った。

ＴＡＪＩＲＩさんの試合でとくに強く印象に残っているものが二つある。一つは、２０１８年の全日本プロレス横浜大会での３ｗａｙタッグマッチ。ＴＡＪＩＲＩさんは岩本煌史選手とのタッグチーム〝ひと夏のかげろう〟で、ゼウス選手とボディガー選手の〝ザ・ビッグガンズ〟、そしてアメリカから参戦してきたパロウ選手とオディンソン選手の〝ジ・エンド〟を相手に闘った。

ザ・ビッグガンズもジ・エンドもスーパーヘビー級で、筋骨隆々としたパワー系の猛者たちだ。対するＴＡＪＩＲＩ・岩本組はジュニア・ヘビー級。二人とも試合巧者ではあるが、巨人のような二チームに挟まれると、びっくりするほど小さく見え、なんだか心配になった。

しかし、試合が始まってみると、主役はＴＡＪＩＲＩ・岩本組だった。序盤からトリッキーな動きでリング上をかき回し、他の二チームが互いを潰し合うように仕向けていく。中盤以降もずっと、一方に味方したかと思えば裏切って他方に付いたり、めまぐるしい展開をコントロールし続けた。こんなに面白い３ｗａｙマッチは、後にも先にも見たことがない。

これは私の思い込みかもしれないが、ＴＡＪＩＲＩさんは三チームがリングに上がった瞬間に、他の二チームをどう料理するかを決めたのではないかと思う。そこには、自分と阿吽《あうん》の呼吸で動ける岩本選手への信頼に加え、ザ・ビッグガンズとジ・エンドのキャラクターに基づいた「瞬時のストーリー作り」があったように思えてならないのだ。

もう一つは、2019年の全日本プロレス最強タッグリーグの最終戦、後楽園ホールでの試合だ。TAJIRIさんはKAI選手とのタッグ〝TAJIRIKAI〟で、準決勝に臨んだ。相手は、諏訪魔選手と石川修司選手のタッグチーム〝暴走大巨人〟。リアル「赤鬼と青鬼」を思わせる暴走大巨人に、顔に怪しげなペイントを施したTAJIRIKAIが対峙する。それだけでも異様な光景だったが、試合内容はより常軌を逸していた。

通常、全日本プロレスの試合はゆるやかに始まり、徐々にボルテージを上げていく流れになることが多いが、この試合は序盤からフルスロットル。TAJIRIKAIは暴走大巨人に奇襲をかけ、短期でのリングアウト勝ちを狙う。そして、どうにかリングに戻った石川選手と諏訪魔選手に、次々と毒霧を噴射する。

最後は怒った諏訪魔選手がTAJIRIさんをスリーパーで締め落とし、試合自体はほんの数分で終わった。しかし、あまりの急展開に、観ている私の興奮レベルは一気に引き上げられ、アドレナリンがドバドバ出た。なんというか、のんびりとフルコースを楽しんでいたら、いきなり激辛料理を口に入れられて全身から汗が噴き出し、気がついたらリフレッシュしていたような感覚。この一試合だけでもストーリー性のある名勝負だが、興行全体の流れを考慮に入れても、この試合のおかげでメリハリがついたように思う。

TAJIRIさんは、いったい何を考えてプロレスをしているのだろうか。その疑問が私の中でこの上なく膨らんだ同年末、草思社から『プロレスラーは観客に何を見せているのか』が発売された。私はすぐに購入し、東京・神保町の書泉グランデで開催された刊行記念イベントにも参加した。そこでTAJIRIさんにサインをいただき、一緒に写真も撮っていただいた。

それから4年あまりが経ち、たいへん光栄なことに文庫版の解説を担当させていただくことになった。おおよそ書く内容も決めていたところへ、本書のゲラがドカンと届いた。内容を見て、かなり戸惑った。「文庫化にあたって新たに加筆した」とかそういうレベルではなく、完全な書き下ろし新刊として、内容がアップデートされていたからだ。

しかし思えば、このことは単行本のあとがきで「予言」されていた。当時ＴＡＪＩＲＩさんは、同書を読みたいと言う岩本選手に対して〈「だけどあくまで『現時点でのプロレス論』だから、またしばらくしたら言うことが変わってくる可能性もある」〉（p．237）と明言している。

私が数少ない人生経験から得た教訓の一つに、「成長するのは若者だけの特権ではない」というものがある。一流の大人は成長するし、超一流の大人はものすごい速さで成長し続ける。何歳であろうと、超一流の人はつねに考え、試行錯誤し、自分のベストや最適解を探し続けるからだ。他人からすれば「前と違うことを言っている」ように見えたりするが、世の中はつねに変化するし、何より本人自身が変わっていくので、それは必然だ。

問題は、本書を手に取った読者の皆さんが前掲の単行本も読むべきか否かということだが、私は二冊とも読むことをお勧めする。読む順番は、どちらが先でも良いと思う。単行本と本書は、ちょうどよく互いを補完する内容になっているし、両方読むとＴＡＪＩＲＩさんの哲学がより深く理解できるはずだ。

ここからは参考のために、単行本と文庫版の違いについて、私が感じたことを書いてみたい。

単行本の方は、ＷＷＥの会長ビンス・マクマホンの「プロレスとはキャラクター産業である」という言葉を軸に、ＴＡＪＩＲＩさんがこれまでのキャリアを俯瞰し、総まとめした本だと言っていいと思う。プロレス入門以前から２０１９年までのＴＡＪＩＲＩさんの歩みがほぼ時系列に従って展開されており、人生の各時点でＴＡＪＩＲＩさんが獲得してきた知見の数々が披露されている。文庫版には載っていない、メキシコ時代の師匠ビクター・キニョネスの話や、「Do yourself」という名言の主であるジョン・シーナの出世話、ＷＷＥのビジネスのしくみなど、貴重なエピソードも豊富だ。

私にとっての収穫は、観る人々を引きつけるプロレスのドラマツルギーと、自身のキャラクターをどう確立するかについてのＴＡＪＩＲＩさんの論を知ることができたことだ。私も小説などのフィクションを書くことがあるので、〈「意味のないシーンが一瞬でもあってはならない」〉（ｐ．１２５）、〈イイ者VS悪者という構図はわかりやすくてノレる。／イイ者には華麗な技が似合うが、悪者には（通常は）似合わない〉（ｐ．１２７）、〈細かいエピソードのチリツモがキャラクターを形成していくのだ〉（ｐ．１８２）といった部分が非常に参考になった。読者の皆さんは、この内容を踏まえた上でＴＡＪＩＲＩさんが昨年（２０２３年）刊行した小説『少年とリング屋』（イースト・プレス）を読むと、より楽しめると思う。

以前から、プロレスを楽しむときと物語を楽しむときの感じは似ていると思っていたが、その感覚はＴＡＪＩＲＩさんの〈人生のリアルな縮図を見せる。それがプロレス本来の役割だと思うのだ〉（ｐ．２３２）という言葉に集約されているように思った。プロレスを観ない人から「プロレスって何が面白いの？」などと訊かれてうまく説明できない人は、きっとスッキリするのではないだろうか。

こういった、プロレスから創作までカバーする知見の他に、人生全般に通じる知恵もふんだんに盛り込まれている。〈「プロレスにおけるキャラクターは、その人がもともと持っている資質を活かしたものでないとうまくいかない」〉（p.115）、〈自分にフィットしない役割を無理矢理演じ続けていても、良いことはまったくない。そればかりか虚構の世界の「自分」が現実の自分に流れ込んで、心を病んでしまうことすらある〉（同）といった箇所については、まるで自分のことを言われているかのように感じる人が多いと思う。

本書では、より広いジャンルの人々に通ずる知見の分量が増えている。自分の夢との関わり方、他人とのコミュニケーションの取り方、さらには会社の辞め方など、たいていの人が直面する課題についてTAJIRIさん流の考え方が説かれている。「練習と稽古の違い」も、プロレスに限らず、多くの分野にあてはまるように思う。

とくに、「プロとは何か」についての鋭敏かつ明確な考察については、一応プロの物書きとして働いている私にとっては、考えさせられるところが多かった。私はフリーランスになって今年で八年目になるが、いまだに自分の仕事とメンタルの舵《かじ》取りに苦労している。生活のためには稼がなくてはならないが、他人が自分に望むことと、自分が本当にやりたいことがキレイに一致することはめったにない。

そのギャップにこのところずっと悩まされてきたが、本書を読みながら、TAJIRIさんの「プロとしての絶妙なバランス感覚」を、ほんの少しだけ理解できたような気がした。TAJIRIさんは、単行本のときから絶えず「稼ぐこと」の重要性を説いているし、本書でも「身の回りに起きることすべてをお金に変えるのがプロ」（p．241）と書いている。しかしそれはけっして、「他人の思い通りに動くこと」や「消費者のニーズに応えること」ではない。TAJIRIさんは本書のp．184～185で、次のように書いている。

誰かの嗜好に足並みを合わせる。そうした時点で、プロレスラー的ではない

と思うのだ。

それはなぜか。

レスラーとは哲学者だから。

独自の哲学をもって、試合を見る人の人生に影響を与えるべき存在だと思うからだ。

消費者のニーズに合わせるというのは、「商人」の発想である。レスラーは商人ではない。哲学者であり、アーティストであり、クリエイターだと思うのだ（しつこいようだが、「オレは」ね）。

つまり、根っこにあるのは「独自の哲学」だ。私の解釈で勝手に平たく言い換えると、「自分がよりよく生きるために、自分で培った、自分なりの考え方」という感じだろうか。そういった「哲学」は、もともとは自分一人のためのものかもしれない。でも、それを突き詰めて、いつか大勢の人々から求められるようなものにしてやるぞ、という覚悟を持つことが、プロの条件だということではないだろうか。

そうやって練り上げた哲学を、磨き上げた技術で表現し、見る人々に良い影響を与え、その報酬としてお金をもらう。そんなふうに考えると、世の中には、自分の哲学を磨くための材料がいくらでもある。ここまで考えてようやく、TAJIRIさんの「身の回りに起きることすべてをお金に変える」という言葉が、ストンと腑に落ちた。「稼ぐこと」と「本当にしたいこと」の板挟みになっていた私はきっと、それら二つの先にある自分の哲学を、きちんと意識できていなかったんだろう。そう思ったら、なんだか心が軽くなった。

すっかり長くなってしまったが、最後にもう一言だけ付け加えたい。本書は、単行本に比べて、より未来に向かって開かれているような印象を受けた。九州プロレスという新天地の空気と、世界各地で才能ある若者たちを育てる活動の積み重ねが、TAJIRIさんの文章にさらなる躍動感を与えているのかもしれない。今の時代には、どこを向いても八方塞がり、という空気が蔓延している。でも、TAJIRIさんの「オレの未来は絶対に明るい」（p．242）という言葉には、それを打ち破る力強さが感じられる。本書を読み終えた今、私も声を大にして言いたい。

「私の未来は絶対に明るい」。

本書は書下ろしです。

徳間文庫

真《しん》・プロレスラーは観客《かんきゃく》に何《なに》を見《み》せているのか

30年やってわかったこと

2024年3月15日 初刷

著者 TAJIRI《たじり》

発行者 小宮英行

発行所 株式会社徳間書店

東京都品川区上大崎三−一−一 目黒セントラルスクエア 〒141−8202

電話 編集〇三(五四〇三)四三四九 販売〇四九(二九三)五五二一

振替 〇〇一四〇−〇−四四三九二

印刷 製本 大日本印刷株式会社

ISBN978-4-19-894928-0 (乱丁、落丁本はお取りかえいたします)